Erlebte
Biologie

Erlebte Biologie

Beiderbeck/Koevoet	Pflanzengallen am Wegesrand	Meinhardt	Alles über Regenwürmer
Löhrl	Vögel am Futterplatz	Merz/Pfletschinger	Die Raupen unserer Schmetterlinge
Löhrl	Vögel in ihrer Welt		

Kosmos-Naturführer

Aichele/Golte-Bechtle	Was blüht denn da?	Göbel	Kosmos-Ratgeber: Garten Praktische Wetter- und
Berger/Dobroruka	Säugetiere Europas		Klimakunde
Bishop	Abenteuer Natur Kleine Pflanzen – selbst erforscht		für den Gartenfreund
		Harde/Severa	Der Kosmos-Käferführer
Bishop	Abenteuer Natur Kleine Tiere – selbst erforscht	Jones	Der Kosmos-Spinnenführer
		Morris	Was lebt in Feld, Wald und Wasser?
Brown/Lawrence/Pope	Welches Tier ist das?	Pfleger	Schnecken
Burton	Das Leben der Vögel		und Muscheln Europas
Feige/Kremer	Flechten – Doppelwesen aus Pilz und Alge	Seitz	Dr. Seitzens Kräutergarten
		Zahradník/Čihař	Der Kosmos-Tierführer
Felix/Toman/Hísek	Der Große Naturführer	Zahradník	Der Kosmos-Insektenführer
Frieling	Was fliegt denn da?		
Göbel	Kosmos-Ratgeber: Garten Alles über Gartenböden		

Ursula Meinhardt

Alles über Regenwürmer

Kosmos
Gesellschaft der Naturfreunde
Franckh'sche Verlagshandlung
Stuttgart

Mit 34 Farbfotos von Ursula Meinhardt (31), Hans Pfletschinger (2), Zoologisches Institut der Universität Mainz (1 Mikroaufnahme),
sowie 3 rasterelektronenmikroskopischen Aufnahmen aus dem Zoologischen Institut der Universität Mainz
und 8 Schwarzweißzeichnungen von Michael Veith, Mainz.

Umschlaggestaltung von Edgar Dambacher
unter Verwendung
eines Farbdias von Heinz Schrempp

Bilder Seite 2: Erdschichten ohne Regenwürmer (oben) und mit Regenwürmern (unten).
Man erkennt deutlich, in welchem Ausmaße die Regenwürmer die Schichten vermischen.
Aufnahmen: Pfletschinger

CIP-Kurztitelaufnahme der Deutschen Bibliothek

Meinhardt, Ursula:
Alles über Regenwürmer / Ursula Meinhardt. – Stuttgart : Franckh, 1986.
(Erlebte Biologie)
ISBN 3-440-05621-X

Franckh'sche Verlagshandlung
W. Keller & Co., Stuttgart / 1986
© 1985, Franckh'sche Verlagshandlung,
W. Keller & Co., Stuttgart
Printed in Italy / Imprimé en Italie /
LH 14 ry
ISBN 3-440-05621-X
Satz: G. Müller, Heilbronn
Herstellung: Grafiche Muzzio, Padua/Italien

Regenwürmer

Erst als auf dem festen Erdboden Laubbäume entstanden waren, entwickelten sich Tiere, die die jährlich abfallende Laubstreu als Nahrung verwerten konnten. Das waren die Regenwürmer. Man nimmt an, daß ihr Übergang vom Wasser- zum Landleben vor etwa 200 Millionen Jahren stattgefunden hat. Seitdem haben sie sich kaum weiter entwickelt. Sie sind noch immer keine ,,richtigen'' Landtiere geworden. Um nicht auszutrocknen, hüllen sie sich in einen Mantel von Schleim, den sie ständig feucht halten müssen. Auch das Sonnenlicht können sie nicht ertragen, weil dessen ultravioletter Anteil in ihrem Körper ein Gift erzeugt, das sie tötet. So bleiben sie möglichst im Boden, wo sie ein äußerst nützliches Leben führen, das für den Stoffkreislauf von größter Bedeutung ist.

In Deutschland gibt es 39 Regenwurmarten, von denen aber nicht alle überall zu finden sind. So werden in diesem Buch nur 9 Arten vorgestellt, die man aber von Flensburg bis Konstanz antreffen kann.

Einführung

1. Der Regenwurm und seine Verwandten

Alles Leben ist im Wasser entstanden. Erst die Pflanzen und dann – aus ihnen – die Tiere. Und unter ihnen auch die Vorfahren der heutigen Landbewohner. Die meisten Stammesgenossen unserer Regenwürmer bevölkern noch heute die Meere.

Einer ihrer entfernteren Verwandten ist z. B. der Palolowurm, *Eunice viridis*, 30 cm lang, ein Polychaet (von poly = viel und chaeta = Borste, also ein „Vielborster"). Er lebt zwischen den Korallenriffen der Samoainseln. Seine Berühmtheit hat er dadurch erlangt, daß er fähig ist, zu einer genau festliegenden Zeit des Jahres – nämlich am Tag des letzten Mondviertels im Oktober – seine hintere Körperhälfte mitsamt den Geschlechtsprodukten (also Ei- und Samenzellen) abzuklemmen. Diese Wurmhälften steigen an die Oberfläche des Meeres und treffen hier auf Millionen von anderen Wurmenden, die auf dem Wasser schwimmen. Hier findet die Befruchtung der Eizellen statt, die wieder in die Riffe hinabsinken und neue Tiere hervorbringen.

Für die Samoaner ist das alles ein großes Ereignis. Sie fahren mit ihren Booten auf das Meer hinaus und fangen mit ihren Netzen die „gefüllten" Hinterenden. Es werden Freudenfeste mit üppigen Mahlzeiten – aus diesen Meeresfrüchten bereitet – gefeiert. Genauso wie uns die Hühnereier oder die Eier vom Stör, der Kaviar, schmecken oder viele Hausfrauen beim Einkaufen einen „milchenen" Hering (das sind die Samenzellen) verlangen, um die Salatsoße pikanter zu machen. Auch die Samoaner wissen diese Gabe des Meeres, die ihnen von der Natur mit Hilfe des Palolowurms gespendet wird, schmackhaft anzurichten.

Ein anderer Polychaet, der uns – wenigstens geographisch – etwas näher steht, kommt an der deutschen Nordseeküste vor. Es ist der Sand- oder Pierwurm, *Arenicola marina* (arenicola = Sandbewohner), etwa 10 cm lang, der von den Fischern als Fischköder benutzt wird. Er hat sich dort angesiedelt, wo die Wellen den Strand nur noch „belecken". Sein „Heim" besteht aus einer senkrechten Röhre, die nach etwa 15 cm in die Waagerechte übergeht. Hier unten wohnt der Wurm. Einen Arbeitstag von etwa 8 Stunden bringt er mit Fressen zu. Er „saugt" den Sand mit den Überresten von Seepflanzen und -tieren ein, verdaut die organische Substanz und stößt von Zeit zu Zeit eine lange Kotrolle aus, die sich zusammenringelt. Sie hat eine gewisse Festigkeit und wird durch das über sie hinschwappende Seewasser nur langsam wieder aufgelöst. Wohl jeder Nordseebesucher hat diese Wurmhäufchen schon gesehen.

Der Wurm erhält Nachschub an Nahrung durch den nachrieselnden Sand vor seiner Mundöffnung. In der feuchten Gezeitenzone geschieht das aber nicht allzu schnell, so daß hier bald eine senkrechte Röhre entsteht. Jetzt ist die Wurmwohnung komplett. Sie sieht im Schnitt wie ein „U" aus. Der Wurm „besucht" auch den zuletzt fertig gewordenen Röhrenabschnitt, um den Nachschub an Sand zu beschleunigen. Gelegentlich steigt er so hoch empor, daß er auf die Strandoberfläche gelangt, wie ich beobachten konnte. Dann sind seine gelb-rot gefleckten Kiemen zu sehen, die den mittleren Körperabschnitt in dichten Büscheln bedecken.

Die den Regenwürmern im „System der Tiere" (Einteilung der Tierwelt nach ihren morphologischen Unterschieden) näher stehenden Würmer sind die Oligochaeten (oligo = wenig, also „Wenigborster"). Auch der Regenwurm ist ein Oligochaet. Von diesen, seinen engeren Verwandten gibt es zwei Arten, die den Aquarien-Liebhabern in Stadt und Land gut bekannt sind.

Da ist zunächst der Tubifex (der „Röhrenmacher"), der eine Delikatesse für die Aquarienfische darstellt. Er ist ein zartes, kleines Tier, das infolge des durchschimmernden Blutes rötlich gefärbt erscheint. Er schätzt den nährstoffreichen Schlamm der Gewässer, obwohl dieser sehr sauerstoffarm ist. So kommt er auch in Abwässern vor, deren Verschmutzungsgrad nach der Menge der Tubifex-Individuen beurteilt wird. Denn Tubifex wohnt in selbstgebauten Schlammröhren am Grunde, streckt aber sein Hinterende ins freie Wasser. Tritt er in großer Zahl auf, erscheint der Untergrund blutrot.

Seine Röhre ist mit Schleim ausgekittet, der ihr Festigkeit verleiht. Der Wurm verlängert sie über die Schlammoberfläche hinaus durch einen Aufsatz in Form eines kleinen Ringes aus Schlammteilchen, die er mit seinem Schleim zusammenkittet. Nach und nach entsteht daraus ein kleiner Schornstein (daher der Name). Dieser ermöglicht es dem Tier, verhältnismäßig weit aus der Röhre ohne Gefährdung hervorzukommen und sich über den Untergrund zu erheben. Das ist sehr wichtig für ihn, um sich Sauerstoff aus den oberen Wasserlagen zu beschaffen. Denn nun kann er mit seinem ausgestreckten Hinterende Schlängelbewegungen vollführen und dadurch Wasser „herbeistrudeln", ohne dabei den Schlamm ringsum aufzurühren.

Die zweite Oligochaeten-Art, die von Fischhaltern sehr geschätzt wird, ist *Enchytraeus albidus*. Es herrscht eine so große Nachfrage nach diesem Wurm als Aquariumfisch-Futter, daß es inzwischen schon „Farmen" für seine Vermehrung gibt. Er wird dem Gewicht nach verschickt, weil es seiner geringen Körpergröße wegen unmöglich ist, die Individuen zu zählen. Der Wurm hat kein rotes Blut, ist daher weiß („albidus" = weißlich) und kommt in der Natur immer in größeren Gemeinschaften vor. Er ist auch ein Abfallfresser, ist aber in bezug auf die Nahrung nicht sehr wählerisch. So frißt er Abfall in dem Schlamm am Grunde von Bächen, Teichen und Binnenseen. Am Meeresstrand ernährt er sich von der organischen Substanz, die bei Ebbe am Strand zurückbleibt. Er erscheint in den Komposthaufen, wenn die Rotte (s. „Aufbau des Komposthaufens") ins Stocken gerät. Und er „belebt" auch die Blumentöpfe, wenn deren „inneres Gleichgewicht" gestört ist. Er kann hier sogar schädlich werden, wenn es bei zu großer Anzahl von Tieren zu Nahrungsengpässen kommt. Dann macht sich *Enchytraeus albidus* auch über die feinen Wurzelenden her, die er aussaugt. Die Wurzelspitzen sind aber der einzige Teil einer Wurzel, durch den die Pflanze Wasser und Nährstoffe aus dem Boden aufnehmen kann. Alles übrige sind nur Leitungsbahnen für den Stoff-Transport zu den oberirdischen Pflanzenteilen. Natürlich leiden die Pflanzen unter dem Versiegen des Stoffstroms und gehen unter Umständen ein. Es empfiehlt sich daher, bei Auftreten dieser 3 cm langen Würmer sofort die Erde zu wechseln.

2. Regenwürmer und Kreislauf der Stoffe

Vor etwa 200 Millionen Jahren startete eine Gruppe von Würmern den Versuch, sich in neuen Lebens- und Nahrungsräumen anzusiedeln. Die Tiere verließen das Wasser und „betraten" das Land. Welch ein Unterfangen! Blind und taub, wie sie schon damals waren, der Austrocknung ausgesetzt, da ihr Hautmuskelschlauch für Wasser durchlässig ist, von dem ultravioletten Anteil des Sonnenlichtes bedroht, der in ihrem Körper ein Gift erzeugt, das sie tötet, ohne Zähne, um eventuelle Nahrungsteilchen abbeißen zu können, ohne Beine, um nahrungsarme Gegenden verlassen und fruchtbarere Landstriche erreichen zu können – so machten sie sich auf den Weg.

Sicherlich war es keine einfache Wanderung, und ebenso wahrscheinlich ging der Weg nicht stracks auf das feste Land hinauf, sondern blieb erst mal auf die Küstenregion beschränkt. Hier konnten die Tiere – immer als Art und nicht als Individuen betrachtet – in Hunderttausenden von Jahren sich zunächst an die härteren Lebensbedingungen des festen Landes gewöhnen. Denn hier wird durch die Gezeiten – also Ebbe und Flut – der Erdboden abwechselnd überschwemmt und wieder trockengelegt – eine gute Gelegenheit, Abwehrmöglichkeiten gegen die Austrocknung zu entwickeln. Und es gibt noch heute hier bei uns Regenwurmarten, die in einem feucht-trockenen Milieu leben, z. B. *Eiseniella tetraedra*. Es sind zarte kleine Tiere, die im Moos an Gewässerrändern vorkommen („tetraeder" = Viereck, weil das Hinterende einen – angedeutet – viereckigen Querschnitt hat).

Je mehr sich die Würmer – immer wieder nicht als Einzeltier, sondern als Art oder Gruppe betrachtet – vom Wasser entfernten, um so drängender wurde die Frage nach der Nahrung. Wenn sie nicht jedes Mal, um sich zu sättigen, zum Wasser zurückkehren wollten, mußten sie neue Nahrungsquellen erschließen. Und sie fanden sie! Denn inzwischen waren die Laubbäume entstanden, deren sich jährlich wiederholender Laubfall die ideale Grundlage der Wurmnahrung wurde und noch heute ist.

Auf dieser sicheren Basis fußend, breiteten sich die Regenwürmer über die ganze Welt aus. Sie spalteten sich bis heute in 3000 Arten auf (39 davon kommen in Deutschland vor), die alle selbständig nebeneinander existieren. In ihren Extremen unterscheiden sie sich gewaltig: z. B. in der Größe. Es gibt kleine Arten, die gerade noch gut sichtbar sind und in der Uferregion von Gewässern ein verstecktes Leben führen. Dann aber auch sehr große, wie den australischen Regenwurm *Megascolides australis* mit 2 m Länge. Er ist hellblau und gelb gefleckt, nicht rundlich wie unsere einheimischen Arten, sondern abgeplattet. Und er kriecht nicht auf der Erde umher, sondern lebt auf Bäumen – auf jedem Baum nur 1 Tier.

Die ursprünglich fast einheitlichen Nahrungsbedürfnisse – man nimmt an, daß die Regenwürmer aus schlammbewohnenden Ahnenformen entstanden sind – haben sich inzwischen zu einer größeren Mannigfaltigkeit gegliedert.

Das liegt daran, daß sich der Erdboden in diesen 200 Millionen Jahren gewandelt hat. Man könnte sagen, er ist gealtert. Bestehendes Gestein wurde während dieser Zeit durch Feuchtigkeit, Hitze und Kälte abgetragen zu Sand und

Kies. Das gleiche Schicksal erfuhren Gesteine, die in dieser Zeit entstanden waren – sei es zu Stein erstarrte Lava aus Vulkanausbrüchen oder seien es neue Oberflächen, die durch die Hebung des Bodens infolge der Bewegung der Erdrinde gebildet wurden. Wind und Wetter nagen seit eh und je an dem festen Gestein und machen es kleinkörnig. So wuchs die Masse von Sanden und Kiesen auf der Erdoberfläche.

Es gibt aber große Unterschiede in ihrer chemischen Beschaffenheit. Lava ist kein Sandstein. Jedes Gestein enthält andere chemische Stoffe. Und so ist der zunächst weit einheitlicher gestaltete Erdboden – was diese Sande und Kiese angeht – heute eine bunte Mischung der verschiedensten Ausgangsmaterialien. Und die Pflanzen haben sich dem angepaßt. Sie entwickelten – was die verfügbaren chemischen Nährstoffe anbelangt – spezielle Nahrungsbedürfnisse. So findet man auf verschiedenen Böden – trocken, feucht, sandig, lehmig, sauer, alkalisch – auch verschiedene Pflanzenarten, z. T. sogar Spezialisten, die nur auf einem bestimmten Boden gedeihen. So gibt es Pflanzenarten, die nur auf dem Hochmoor vorkommen, andere können nur am Meeresstrand existieren, wieder andere nur auf trockenem Boden, andere nur auf saurem usf.

Und auch die Regenwürmer haben sich darauf eingestellt. Auch sie haben ihre „Lieblings"-Bäume, was ganz deutlich bei dem Tauwurm zu beobachten ist, der im Herbst die Blätter bestimmter Bäume bevorzugt einsammelt. Es sind lange Listen aufgestellt worden nach dem Grad der Beliebtheit von Laubblattarten als Nahrung von Regenwürmern.

Hier ein Auszug aus solch einer Zusammenstellung, wobei die Beliebtheit abnimmt:

Erle, Esche, Ulme, Traubenkirsche, Linde, Ahorn, Birke, Pappel, Buche, Eiche, Kiefer (aus GRAFF 1983). Es geht dabei für die Regenwürmer nicht allein danach, ob eine Blattspreite zart oder derb ist, sondern augenscheinlich sind für sie auch die Inhaltsstoffe des Zellsaftes von großer Bedeutung, z. B. das Kohlenstoff-Stickstoff-Verhältnis des Laubes (s. dort).

Das Leben der Regenwürmer spielt sich hauptsächlich in den durch Witterungseinflüsse zerstörten und chemisch abgebauten Oberflächenschichten der Gesteine ab, die in Krümelstruktur den Erdboden bedecken. Hier sammelt sich auch die jährliche Laubstreu an, außerdem tierische und pflanzliche Überreste und – alles bedeckend – das ungeheure Heer der Mikroorganismen. Diese nehmen in jedem Stadium der Umwandlung organischer Substanz eine entscheidende Schlüsselstellung ein: So erzeugen die Gärungsbakterien die Wärme des Komposthaufens, die dem Kompostwurm *Eisenia foetida* (Bild 38 in der „Kleinen Wurmkunde") das Leben erst ermöglicht. Die Nitrit- und Nitrat-Bakterien binden den Stickstoff im Boden, den die Pflanzen durch ihre Wurzeln als Stickstoffdünger aufnehmen.

Erst wenn die Bakterien das zellenlose Oberhäutchen der Laubblätter – die Kutikula – zerstört haben, kann der Regenwurm an den Zellsaft gelangen, den er heraussaugt. Auch bei anderen Pflanzenteilen muß er warten, bis durch die bakterielle Vorzersetzung diese organischen Reste so mürbe geworden sind, daß er sie aufsaugen kann.

In seinem Darm aber geschieht mit diesem „Abfall" etwas Einmaliges, dessen nur der Regenwurm fähig ist; hier werden die Stoffe in Humus verwandelt!

10

Dies ist ein geradezu sensationelles Ereignis, weil auf ihm die Fruchtbarkeit unserer Felder beruht. Es mutet wie ein Trick der Natur an: Die vermodernden Pflanzenreste werden vom Regenwurm verzehrt, verdaut und erscheinen in seinen Kotballen als fix und fertig zubereitete Nährstoffe für neue Pflanzen wieder! Und sie duften nach frischer Walderde!

Hätte der Regenwurm diese Fähigkeit nicht, würden die pflanzlichen und tierischen Überreste von den Mikroorganismen zu Wasser und verschiedenen Gasen abgebaut, die für die lebenden Pflanzen nicht mehr verwendbar sind. Und es würde viel länger dauern. Feste Gewebe, z. B. Knochen, würden jahrelang an der Erdoberfläche herumliegen. Jeder kennt Bilder von verhungerten oder verdursteten Tieren in den Trockengebieten der Erde, deren Skelette in der Sonne bleichen. Sie verrotten nur sehr zögernd, weil ja auch die Mikroorganismen Feuchtigkeit zum Leben brauchen.

Es ist der Regenwurm, dem das Gedeihen der lebendigen Welt anvertraut ist. So besteht seine Hauptaufgabe darin, soviel modernde Substanz, wie ihm möglich ist, zu verzehren und in Pflanzendünger umzusetzen. Denn dieser ist besser als jeder Kunstdünger, weil er eine Kombination der verschiedenen Stoffe darstellt, die die Pflanze braucht, und zwar in der richtigen Menge zueinander.

So sollten die Menschen:

dieses Tier *schützen*, indem sie es nicht, was man öfter sieht, zertreten, wenn es sich über die Straße windet, oder auseinanderreißen, was Kinder öfter tun – nur so ,,aus Spaß''. Sie sollten es *hegen*, indem sie – falls sie ein Stückchen Garten haben – den Boden so bearbeiten, daß die Regenwürmer sich dort ,,hingezogen'' füh-

len. Die Tiere wollen eine gewisse Feuchtigkeit, keine größeren kahlen Flecken mit Sonneneinstrahlung, sondern Pflanzenbewuchs, der den Boden beschattet – da genügt schon das Gras. Und etwas Komposterde ist immer gut. Denn in dieser finden sich die Mikroorganismen, die die Regenwürmer außer der verwesenden organischen Substanz noch zu ihrer Nahrung brauchen. Die Würmer finden in solchem Boden auch ihre Nahrung in Form von abgestorbenen Würzelchen und Blättern. Und sie legen ihre Kotballen gleich in der Nähe der Pflanzenwurzeln ab, wo sie sofort wieder – ohne Arbeit des Menschen – als Dünger Verwendung finden.

Und den Kompostwurm sollten sie *pflegen*. Sie können an ihm immer wieder selbst erleben, wie dieses so unscheinbare Tier unermüdlich für die lebendige Welt tätig ist, indem es die frischen Abfälle, vor deren Beseitigung wir Menschen hilflos stehen, in Schätze umwandelt, die von anderen Lebewesen nicht erzeugt werden können: den Humus (Einzelheiten über die Wurmkompostierung s. S. 57).

Wäre diese Umwandlung von organischen Abfallstoffen in wertvollen Humus die einzige Leistung des Regenwurms für das Leben auf der Welt, könnte man ihn schon als eines der nützlichsten Tiere, vielleicht sogar als das nützlichste Tier ansehen.

Aber er tut noch mehr:

Alle unsere Regenwurmarten haben die Eigentümlichkeit, die oberste Bodenschicht bis zu 25 cm Tiefe nach Nahrung – abgestorbene Blätter, Stengel, Würzelchen und außerdem Mikroben – zu durchwühlen. Dabei müssen sie das überschüssige Erdreich nach rechts und links zusammendrücken oder in die zahlreichen Erdspalten pressen. Es entstehen Röhren, die meist horizontal verlaufen. Bewegt sich der Wurm in wenig feuchtem Erdreich, werden die Gänge bald wieder zusammenfallen, und er hätte im Falle der Gefahr keinen Fluchtweg offen. Der einzige feuchte „Mörtel", um die Röhrenfestigkeit zu erhöhen, sind seine Kotballen. So tapeziert er die Wände seiner Röhren damit aus. Baut sich der Wurm eine andere Röhre – entsprechend seinen Nahrungsbedürfnissen –, so wird die erste, die der Wurm nun vernachlässigt und nicht mehr „ausbessert", bald zusammenfallen. Und die Pflanzenwurzeln in der Nähe können den Humus, der direkt vor ihren Füßen liegt, aufnehmen und verwerten.

Es gibt aber auch einige große Wurmarten, die senkrechte Schächte bis zu 2 m Tiefe und mehr graben (Bild 24, 28 und 30). Für sie ist das Problem der Kotbeseitigung natürlich noch viel dringender als bei den flach grabenden Arten, die ihn leichter an der Erdoberfläche ablegen können. So statten auch diese großen Regenwürmer ihre Gänge mit Kottapeten aus, machen sie aber so dick und stabil, daß die Würmer schnell in ihnen auf- und absteigen können – besonders abwärts, denn auf der Flucht vor irgendeinem Feind ist höchste Eile oftmals geboten!

Diese großen Regenwürmer haben häufig mehrere Gänge, die sie nicht gleichmäßig oft benutzen. So stehen dann manche Röhren leer. Das aber merken die Pflanzenwurzeln und wandern in sie hinein. Hier wohnen sie jetzt wie im Schlaraffenland, denn alles, was sie benötigen, nämlich Feuchtigkeit und Nahrung, wird ihnen hier durch die Kottapeten geboten. Auf welche Weise auch immer die Pflanzenwurzeln zu Nutznießerinnen des Humus in den Kotballen werden – der Erfolg wird immer

nach außen sichtbar werden: Die dazugehörige Pflanze wird kräftiger und stattlicher als ihre Nachbarinnen werden, sie ist widerstandsfähiger, und sie kann reichlicher blühen und fruchten.

Aber damit ist die Bedeutung der Regenwurmröhren für den Kreislauf der Stoffe in der Natur noch nicht erschöpft:

Diese Gänge haben wichtige Wirkungen auf die anorganische Welt, auf die Gesteine und die Bodenstruktur. Besonders die tiefgrabenden Arten tragen zur Veränderung der Bodenbeschaffenheit bei.

Wenn ein solcher Regenwurm bei dem Bau einer Röhre die vor ihm liegende Erde nicht beiseite schaffen kann, muß er sich hindurchfressen. Er wird sie – etwa 20 Stunden später – als Kotballen wieder abgeben. Was er davon nicht als Tapete an der Wand des Ganges ablegen kann, muß er zur Oberfläche bringen. Das können – je nach Aktivität – ganz beträchtliche Mengen sein.

Dadurch gelangt das Gestein aus der Tiefe an die Erdoberfläche, es wird sozusagen das „Unterste zuoberst" gekehrt. Die Gesteinsteilchen sind jetzt der Witterung und damit der Verwitterung ausgesetzt. Dabei werden lösliche chemische Verbindungen durch den Regen herausgewaschen und in die oberste Erdschicht eingeschwemmt. Sie verändern damit den Boden und verbessern ihn für den Pflanzenwuchs.

Die Röhren selbst verstärken die Lüftung innerhalb des Bodens. Lockere Gesteinsarten, wie etwa Sandstein, haben viele kleine Spalten, die durch die Regenwurmgänge angeschnitten werden. Es entsteht ein gewisser Luftaustausch zwischen ihnen, der dramatische Folgen haben kann.

Denn durch die Regenwurmröhren kommt ja Außenluft – aus der Atmosphäre – in das Innere des Gesteins. Sie bringt Sauerstoff und Kohlensäure, Feuchtigkeit und mancherlei schädliche, gasförmige Abfallstoffe mit, die alle zusammen auf das Gestein einwirken und – meistens – einen zerstörerischen Einfluß ausüben: Der Fels beginnt zu bröckeln. Die Felsspalten verbreitern sich. Wenn sie bis zur Erdoberfläche hinaufreichen, dringt das Regenwasser in sie ein. Bei großer Kälte wird es zu Eis erstarren und das Gestein millimeterweise sprengen. Dieses wird „krümelweise" abfallen und die lockere Erde am Fuße des Felsens mit kostbarem, unverbrauchtem Gesteinsmehl verbessern – wieder zum Nutzen der Pflanzen.

Also das, was seit Jahrmillionen in der anorganischen, der unbelebten Natur zum Wohle der Vegetation vor sich geht, kann auch durch den Regenwurm verursacht werden:

Was für ein Tier!

3. Regenwürmer als Helfer des Menschen

Obwohl die Landwirtschaft den größten Nutzen vom Regenwurm hat, halten viele Bauern und auch Gärtner nicht viel von ihm. Sie sind überzeugt, daß er die Wurzeln der Pflanzen anfrißt, und machen ihm den Garaus, wann immer sie ihn antreffen.

Alle diese Zweifler mögen dieses Büchlein lesen und sich überzeugen, daß der Regenwurm der uneigennützigste Freund des Menschen ist. Angler stehen dagegen sehr positiv zu ihm. Sie schätzen die Würmer als Fischköder. Früher, als sie sich diesen selbst besorgen mußten, gingen

sie in regnerischen Nächten auf die Wiesen und auch auf die Uferhänge der Bäche. Da sie aus Erfahrung wußten, daß die Würmer auf Lichtreize schreckhaft reagieren und Fluchtbewegungen machen, zündeten sie eine Lampe an – später nahmen sie eine Taschenlampe zu Hilfe – und sammelten die hin- und herirrenden Tiere auf. Eine andere Methode fußte auf der Beobachtung, daß die Würmer auch durch Bodenerschütterungen verängstigt werden und in wilder Flucht von der Störungsstelle nach allen Richtungen hinwegeilen. Dabei kommen sie auch zum Teil an die Erdoberfläche und fallen hier den Fischern in die Hände. Diese brauchten also nur einen Stock in den Boden zu stoßen und ihn in Schwingungen zu versetzen oder eine Grabschaufel, die vor und zurück bewegt wurde, oder auch nur kräftig auf einer Stelle herumzutreten. Später hat man sich einer Elektrode bedient, die in den Boden gesteckt wurde. Die elektrischen Schwingungen, die von ihr ausgingen, erschreckten die Würmer aufs äußerste.

Inzwischen haben Fortschritt und Technik diese zwar romantische, aber auch mühsame Art der Köderbeschaffung überflüssig gemacht.

In den USA – dem Staat mit der größten Zahl von Hobbyanglern – sind Handelsfarmen für die Vermehrung der Würmer entstanden, bei denen man verschiedene Wurmarten in beliebig großen Mengen bestellen kann, die einem dann zugeschickt werden. Welche Wurmart ein Angler nimmt, hängt von den Fischen ab, die er fangen will. Denn diese sind wählerisch in bezug auf den Wurm, der ihnen an der Angel angeboten wird. Dabei ist zum Teil die Farbe ausschlaggebend: Manche Fische fressen nur pigmentierte Würmer, manche nur unpigmentierte. Der Kompostwurm wird häufig von den Fischen abgelehnt, wohl, weil er einen so intensiven Geruch ausströmt.

Diese Wurmvermehrungsfarmen arbeiten mit soviel Gewinn, daß der „Traum vom schnellen Geld" in der ganzen Welt umgeht.

In Deutschland, wo die Köder nicht so gefragt sind, aber das Ökologie-Denken immer mehr in den Vordergrund rückt, spezialisiert man sich auf den Kompostwurm *Eisenia foetida*. Man hat sogar eine neue „Rasse" von ihm erfunden, den „Tiger" (Bild 38), so genannt wegen seiner deutlich rot und gelb gestreiften Bänderung. Ich kann nur versichern, daß es diese gelbrote Form schon immer neben der blauroten gegeben hat. Ich habe jahrelang die Beobachtung gemacht, daß in meinen Zuchtbehältern blaurote Eltern auch immer einige gelbrote Nachkommen hatten und entsprechend gelbrote Eltern auch blaurote Jungtiere. Der Name „Tiger" ist eine unterschwellige Werbung für diesen „getigert" gestreiften Wurm. Er soll die Freßlust des Tieres signalisieren. Daneben gibt es bei uns noch den „Tennessee Whiggler" und den „Soilution Earthworm". Das sind die Modenamen für die *Eisenia foetida* aus den zurückliegenden Jahrzehnten. Alle 25–30 Jahre kommt ein neuer Name für *Eisenia foetida* auf. „Tiger" ist der dritte in diesem Jahrhundert. Der Regenwurm *Eisenia foetida* hat sich jedoch nicht geändert. Durch die Bestrebungen, der steigenden Müllberge Herr zu werden, sind verschiedene Marktlücken offenbar geworden. Zunächst mußte man die Bevölkerung dazu bringen, ihren Abfall nicht mehr in nur eine Haustonne zu werfen, sondern in mehrere: Papier, Glas, Küchenabfälle, Metalle, nicht verrottende Substanzen, wie Plastik und Kunststoffe.

Die Küchenabfälle und ihre Kompostierung lassen den Traum vom leicht verdienten Reichtum wieder aufleben. Dazu trägt die Reklame ein tüchtiges Stück bei:

Durch den Einsatz einer großen Zahl von Würmern, die natürlich eine Stange Geld kosten würde, ließe sich ein nicht versiegendes Füllhorn von Komposterde erzeugen, die man sehr günstig verkaufen könnte. In kurzer Zeit (vielleicht $1/2$ Jahr) wäre der „Farmer" nicht nur ein „Wurm-Millionär", sondern auf dem besten Wege, ein wirklicher Millionär zu werden.

Also, schön wär's ja.

Nur klafft hier, wie so oft, die berühmte Lücke zwischen Theorie und Praxis. Es wird zu leicht übersehen, daß ein Regenwurm ein Lebewesen ist und kein Roboter. Er stellt an seine Umgebung bestimmte Bedingungen in bezug auf Sauerstoffversorgung, Temperatur, Feuchtigkeit, Nahrung und — sehr wichtig — ausreichende Bewegungsmöglichkeit.

Obwohl man, wenn alle Bedingungen optimal wären, zu astronomischen Wurmzahlen käme, bleibt die tatsächliche Vermehrungsrate der Würmer doch in irdischen Dimensionen.

Das liegt an der Populationsstärke. Wenn z. B. sehr rasch sehr viel Komposterde gewonnen werden soll, müssen sehr viele — möglichst ausgewachsene — Würmer beteiligt werden. Jeder von ihnen bringt täglich 0,04 g Kot hervor. Für 1 kg Humus täglich brauchte man dann 25 000 Würmer im Komposthaufen. Der Kompostwurm ist zwar ein „geselliges" Tier, aber in diesem Falle wäre zu wenig Bewegungsmöglichkeit vorhanden. Daraufhin greifen die Würmer zur Selbsthilfe: Sie vermindern ihre Kokonproduktion. Außerdem sind dann nur 1–2 Embryonen im Kokon, während der Durchschnitt bei 3 Jungtieren liegt. So wird die Populationsstärke im Komposthaufen auf ein für die Würmer erträgliches Maß beschränkt.

Allgemein gültige Zahlen hierüber lassen sich aber nicht angeben, weil außerdem noch zu viele andere Faktoren mitspielen, die nicht feststehend, sondern sehr schwankend sind. Sie beeinflussen das Kleinklima im Wurmhaufen – meistens nach der negativen Seite.

Regenwürmer haben schon seit alters her das Interesse der Menschen gefunden. Ihr geheimnisvolles, undurchschaubares Leben im Erdboden war Quelle für die ausschweifendsten Vorstellungen der Kräfte, die in diesen Tieren stecken sollten. Bis in unser aufgeklärtes und sehr nüchtern gewordenes Jahrhundert verbinden sich mit dem Regenwurm die Hoffnungen vieler Kranker, mit seiner Hilfe wieder gesund zu werden.

Forschungsreisende zu entlegenen Gegenden der Erde, in denen die Einheimischen noch in ihrer angestammten Umwelt leben, berichten immer wieder von den Naturheilmitteln dieser Menschen. Sie kennen keine chemischen, künstlich hergestellten Präparate, aber sie kennen die Natur und viele ihrer ,,Geheimnisse'' und schaffen oftmals Linderung oder Heilung mit Stoffen, denen wir diese ,,Wunderwirkung'' nicht zugetraut hätten.

Trotzdem seien natürlich Zweifel erlaubt, ob das bloße Auflegen von Regenwürmern wirklich eine Heilwirkung bei Harnsteinen hat – wie mancherorts geglaubt wird. Bei fiebrigen Erkältungen, die ja die Haut in Mitleidenschaft ziehen, kann eine Linderung der erhöhten Temperatur des Kranken durch Auflegen eines kalten – vielleicht zerquetschten? – Regenwurms wohl erreicht werden. Dies ist nur eine Parallele zu den bei uns gebräuchlichen kalten Umschlägen. In beiden Fällen wird dadurch nicht unbedingt eine Besserung der Krankheitsursache herbeigeführt.

Der Unterschied ist nur der, daß diese Menschen mit aller Kraft an eine Heilung – hier durch den Regenwurm – glauben.

So wie wir gegen Haarausfall die Kopfhaut mit Tinkturen einreiben, die Hormone enthalten, streuen sich primitive Stämme Regenwurmasche auf den Kopf – vielleicht enthält sie geheime Wirkstoffe, die den Haarwuchs wieder beleben?

Auf eine kühlende und abschwellende Wirkung von Regenwurmbreiumschlägen läßt ihre Verwendung bei eingetretenen Dornen schließen.

So wie wir noch im vorigen Jahrhundert die Pottasche (Kaliumkarbonat) zum Putzen unserer Zähne benutzten – die Pottasche löst sich leicht in Feuchtigkeit und entfaltet eine mild alkalische Wirkung, entfernt ähnlich der einer Seifenlösung –, nehmen manche Eingeborenenstämme die Asche von Regenwürmern, um ihre Zähne sauber und weißer zu machen.

In dem Bemühen, neue Wirkstoffe aus natürlichen Quellen freizumachen, hat man sich auch des Regenwurms angenommen und ihn gründlich untersucht. Man will – was einer Sensation gleichkäme – einen Stoff in ihm gefunden haben, der erfolgreich zur Heilung von Rheumatismus eingesetzt werden kann. Allerdings sind die Berichte darüber schon 20 Jahre alt, ohne daß neue Bestätigungen bekannt geworden wären.

Die Vorstellung von geheimen Kräften, die den Regenwürmern innewohnen sollen, spiegelt sich auch darin, daß die Würmer sowohl bei männlichen Schwierigkeiten als auch bei weiblichen Notlagen in Anspruch genommen werden. So werden in abgelegenen Gegenden die Regenwürmer gegessen – einerseits von Männern, um ihre Potenz zu stärken, andererseits von jungen Müttern, die nicht genug Milch für das Baby haben.

Einen ganz wichtigen Aspekt der Hilfe der Regenwürmer für den Menschen bildet die Möglichkeit, Regenwürmer zur menschlichen Ernährung heranzuziehen.

An genügend tierischem Eiweiß hat es der Menschheit seit eh und je gefehlt. Die Menschen sind keine geborenen Vegetarier – das zeigt sich schon am Gebiß, das zum Mahlen von Körnern (mit den Backenzähnen) und zum Abbeißen, Reißen und Festhalten der Beute mit den Vorder- und Eckzähnen ausgestattet ist. So ging der Mensch seit alters her auf die Jagd, um sich tierisches Eiweiß zu verschaffen. Außerdem hat er sich natürlich auch nach leichter erreichbarer Beute umgesehen. So hat er schon in grauer Vorzeit den Regenwurm entdeckt, um die Qualität seiner Nahrung zu verbessern.

Die wenigsten Umstände mit der Zubereitung der Regenwürmer für eine Mahlzeit machen sich primitive Eingeborene auf Neuguinea: Sie essen die Tiere einfach roh.

Die Maoris auf Neuseeland unterschieden die Regenwürmer dem Geschmack nach: Der Tarao (*Rhododrilus edulis*) (edulis = eßbar) war für sie sehr wohlschmeckend, gewissermaßen ein Sonntagsschmaus, während der Kure-kure (*Megascolex esculentus*) (esculentus = eßbar) sogar eine Sonderstellung einnahm: Er war dem Häuptling – als Respektsperson – vorbehalten. Aus dem Artnamen ,,edulis'' und dem anderen, ,,esculentus'', läßt sich schließen, daß der Brauch, bestimmte Regenwürmer zu essen,

schon sehr alt ist. Er muß zu der Zeit, als europäische Wissenschaftler kamen, um Neuseeland zu erforschen, weit verbreitet gewesen sein. Und sie hielten diese Sitte der Einheimischen für so bemerkenswert, daß sie im Artnamen darauf Bezug nahmen. Heute ist dieser Brauch sicher verschwunden.

Aus Süd-Afrika wird von Stämmen berichtet, daß sie die Regenwürmer braten, bevor sie sie essen.

Auch die Japaner haben sich der Regenwürmer als Eiweißlieferanten bemächtigt. Sie machen Pasteten daraus.

In neuester Zeit ist der Gedanke, die Lücke in der Eiweißversorgung der Menschheit durch Verwendung von Regenwürmern wenigstens zu verkleinern, wieder sehr belebt worden. Der Anstoß zu dieser Entwicklung ging von Süd-Ostasien aus, hat aber inzwischen weltweites Aufsehen erregt. Man erkannte in den Regenwürmern eine Eiweißquelle, die sich verhältnismäßig leicht und billig am Sprudeln erhalten läßt. Man muß nur die richtigen Arten auswählen.

Es gibt in anderen Klimazonen der Erde auch Regenwürmer, die, ähnlich wie unsere *Eisenia foetida*, frischen Abfall verwerten können und sich reichlich vermehren. So etwa *Perionyx excavatus*, der den Kompostwurm *Eisenia foetida* in diesen Eigenschaften noch übertrifft.

Die größte Schwierigkeit war, der modernen Menschheit den Regenwurm ,,schmackhaft'' zu machen. Man gab den Versuchspersonen Hackfleischklößchen zu essen aus einem Gemisch von Schweine- und Regenwurmfleisch. Als diese Versuche nicht ganz fehlschlugen, erweiterte man das Programm mit anderen Regenwurm,,rezepten'' und startete eine große

Aufklärungskampagne, in der festgestellt wurde, daß das Regenwurmeiweiß qualitativ den meisten anderen tierischen Eiweißarten überlegen sei.

Das war vor 5 Jahren. Inzwischen hat der Gedanke: „Eiweiß für alle" eine rasche Verbreitung gefunden und könnte zur besseren Gesundheit von Millionen von Menschen beitragen.

Es gibt ein Phänomen – zumindest in den „weißen" Ländern – dem mit Logik nicht beizukommen ist: Das ist der emotionale Ekel vieler Frauen vor dem Regenwurm, diesem schleimigen Gesellen, der sich schlangengleich dahinwindet. Angeblich soll hinter dieser Abneigung die Geschichte von der Schlange im Paradiese stecken: als die schöne Libeth, als Schlange verkleidet, den Adam zu dem verbotenen Apfelgenuß überredete, während Eva nichtsahnend am häuslichen Herde saß.

Und nun wird Eva beim Anblick auch des kleinsten Schlängleins an die üble Geschichte von damals mit ihren katastrophalen Folgen erinnert, die für sie eine solche Arbeitsüberlastung brachte (obwohl sie an der ganzen Sache vollkommen unschuldig war!!): Haus, Mann, Kinder, während Adam nur eine Hauptbeschäftigung hat: seinen Beruf (vielleicht auch noch sein Auto).

Hoffentlich trägt dieses Büchlein dazu bei, Eva von der Harmlosigkeit des „Schlängleins" Regenwurm zu überzeugen und ihr die Augen zu öffnen dafür, welch Kleinod die Natur uns mit ihm in den Komposthaufen gesetzt hat.

Bau und Leben des Regenwurms

1. Der Regenwurm – von außen gesehen

Die Regenwürmer scheinen keine Fortbewegungsorgane zu haben, obwohl sie sich auf freier Strecke schnell und zügig dahinwinden. Sie liegen jedoch nicht dem Boden auf, sondern werden getragen von winzigen Borsten (Lupe!), die in kleinen Vertiefungen der Haut gebildet werden. Diese Borsten besitzen in ihrem unteren Teil Muskeln, mit deren Hilfe sie vorgestreckt und zurückgezogen werden können. Dadurch wird die Bewegung des Tieres ermöglicht.

Zahl und Anordnung der Borsten sind bei jeder Wurmart konstant. Unsere einheimischen Würmer haben in jedem Segment 8 davon, die zu Paaren angeordnet sind, und zwar je 1 Paar rechts und links der Bauchmitte und noch je 1 Paar seitlich davon. „Ausländische" Würmer haben z. T. sehr viel mehr Borsten, so z. B. *Pheretima* und verwandte Arten mit 50–100 Borsten je Segment, die in einem Ring um die Peripherie aufgereiht sind.

Die Fortbewegung der Würmer geschieht in 3 aufeinanderfolgenden Phasen:

1. Die Borsten werden in den Boden bzw. die Röhrenwand gedrückt.

Bild 1. Roter Laubfresser (*Lumbricus rubellus*) von oben (Vorderende rechts)
Die Segmentierung ist deutlich zu erkennen, ebenso der Gürtel, der wie ein Sattel den Wurmkörper umgreift, die Bauchmitte aber freiläßt.

2. Die Ringmuskelschicht, die sich direkt unter der Haut befindet, wird zusammengezogen. Dadurch wird der Wurm an dieser Stelle dünn und verlängert sich nach vorn, indem er sich über die Borsten schiebt.

3. Danach tritt die Längsmuskelschicht, die wiederum nach innen von der Ringmuskelschicht liegt, in Aktion. Sie zieht sich zusammen und dadurch den hinteren Wurmkörper nach.

4. = 1. Die Borsten werden eingezogen und ein Stückchen weiter vorn wieder in den Boden gedrückt.

Ring- und Längsmuskelschicht bilden zusammen mit der sie bedeckenden Epidermis (die ihrerseits nach außen von einer farblosen, zellenlosen Schicht, der Kutikula, abgeschlossen wird) den sogenannten Hautmuskelschlauch. Er besitzt viele gleichartige Einschnürungen, die Intersegmentalfurchen, die sich nach innen als zarte Scheidewände, Septen genannt, fortset-

zen, so daß der Körper aus lauter kleinen Kammern, den Segmenten, zusammengesetzt zu sein scheint. Um sie voneinander unterscheiden zu können, werden sie bei wissenschaftlichen Untersuchungen und Besprechungen von vorn nach hinten numeriert: Man zählt 90 – 200 Segmente pro Wurm.

Die Epidermis (Oberhaut) enthält viele Schleimzellen, deren Sekrete für die Feuchthaltung der Oberfläche sorgen und wohl auch einen Schutzmantel gegen schädliche Stoffe bilden. Tast-Sinneszellen sind über die ganze Oberhaut verstreut, besonders zahlreich auf der Bauchseite. Licht-Sinneszellen mit linsenähnlichen Strukturen kommen gehäuft am Vorderende und am Hinterende des Tieres vor. Dazwischen sind sie dagegen nur spärlich vertreten: Eine Sinneszelle an jeder Seite von jedem Segment! Würmer reagieren verschieden auf die Wellenlängen des Lichtes: blau regt an, rot aber nicht. Ultraviolett tötet die Tiere.

Am Ende des vorderen Körperdrittels tragen die meisten erwachsenen Regenwürmer das Clitellum, auch Gürtel genannt. Es ist eine drüsige Aufschwellung der Epidermis, die sich um den Wurmkörper herumzieht und nur die Bauchmitte freiläßt, so daß die Form eines Sattels entsteht. Durch Schleimabsonderung an dieser Stelle wird eine Hülle geschaffen, der ,,Kokon", der die Ei- und Samenzellen für die Bildung eines Jungtieres aufnehmen wird (s. ,,Lebenslauf").

Die Kokonhülle ist bei allen beobachteten Regenwurmarten oliv-gelb und pergamentartig zäh, so daß sie noch ein Jahr, nachdem der Wurm geschlüpft ist — wenn man sie in Wasser aufbewahrt — ihre Farbe und Form besitzt. Sie schließt den Kokon ab, indem sie sich zu einem

Bild 2. Leere Kokonhüllen vom Großen Wiesenwurm (*Allolobophora terrestris longa*)
Der Riß in dem linken Kokon entstand aus ungeklärter Ursache während der Embryonalentwicklung. Später schlüpfte das Jungtier an dieser Stelle, deshalb ist die Geburtsöffnung (oben) noch unversehrt.

Stielchen zusammendreht oder zu einem Kegel bzw. Halskragen auftürmt.
Das Clitellum bildet sich erst, wenn der Wurm erwachsen ist. Es gibt noch andere Merkmale des Erwachsenseins, die noch vor dem Clitellum erscheinen, in Form von Höckern und Balken und von drüsigen Ringen um einzelne Borsten, alles an der vorderen unteren Oberfläche. Sie kommen selten alle zusammen an einer einzigen Wurmart vor.
Die Färbung der Würmer wird durch Pigment erzeugt, das in der Ringmuskelschicht liegt. Die Bauchseite ist meist heller. Es gibt bei uns weniger unpigmentierte als pigmentierte Regenwurmarten.
Die vorderste Spitze des Wurmkörpers nimmt das Prostomium ein, auch Kopflappen oder Lobus genannt. Es überdeckt die bauchwärts gelegene Mundöffnung. Die Fülle der hier versammelten lichtempfindlichen Zellen ermöglicht es dem Tier, Hell und Dunkel zu unterscheiden.

Außerdem gibt es hier Tastzellen, die scharfe Hindernisse bei der Fortbewegung und Spalten im Boden erfühlen können. Auch gibt es Zellen, die auf chemische Reize reagieren, so daß das Tier die Freßbarkeit eines Blattes beurteilen kann. So kann es „süß" (Saccharose = Rohrzucker) und „bitter" (Chinin) unterscheiden. Und ein Zusatz von Traubenzucker zum Futter ist für Regenwürmer eine Delikatesse und gleichzeitig ein Stärkungsmittel (unter Laborbedingungen beobachtet).
Regenwürmer können zwar nicht hören im eigentlichen Sinne, aber sie reagieren empfindlich auf Erschütterungen des Bodens, z. B. bei Annäherung von Feinden, etwa des Maulwurfs. Dies nützen, wie wir gesehen haben, auch Angler beim Fang von Regenwürmern aus.

Bild 3. Großer Wiesenwurm (*Allolobophora terrestris longa*), Vorderende, Bauchseite
Von links nach rechts: Die hellen „Grabsegmente" sind ein Merkmal der tiefgrabenden Arten. Hier ist die Epidermis verstärkt und verbreitert. Auf Segment 15 die schlitzförmige männliche Pore, weiter schwanzwärts ein Drüsenring um eine Borste, zum Schluß die Pubertätsbalken, die sich neben der Bauchmitte erstrecken und das gut entwickelte Clitellum (Gürtel) nach unten begrenzen.

19

2. Ein Blick ins Innere

Das Innere des Regenwurms wird gebildet von einer weiten Höhle (dem Coelom), die von der „Leibeshöhlenflüssigkeit" erfüllt ist. Die Scheidewände der Segmente, die Septen, sind von Poren durchbohrt, so daß die Coelomflüssigkeit ungehindert von vorn nach hinten und auch umgekehrt fließen kann. Sie ist milchig-weiß bis gelb gefärbt. Sie steht durch verschließbare Rückenporen (1 Paar in jeder Intersegmental-furche) mit der Außenwelt in Verbindung. Auf „unangenehme" Umweltreize, z.B. Beunruhigung, wird sie von vielen Regenwürmern nach außen gespritzt (bis zu 30 cm hoch — allerdings nicht bei unseren einheimischen Würmern).

Die Mundhöhle ist der Beginn des Verdauungskanals, der in gerader Erstreckung durch die Länge des Körpers zieht. Da die Regenwürmer keine Zähne besitzen, können sie weder abbeißen noch kauen. So muß die Nahrung recht mürbe sein. Der Schlund (Pharynx) saugt sie

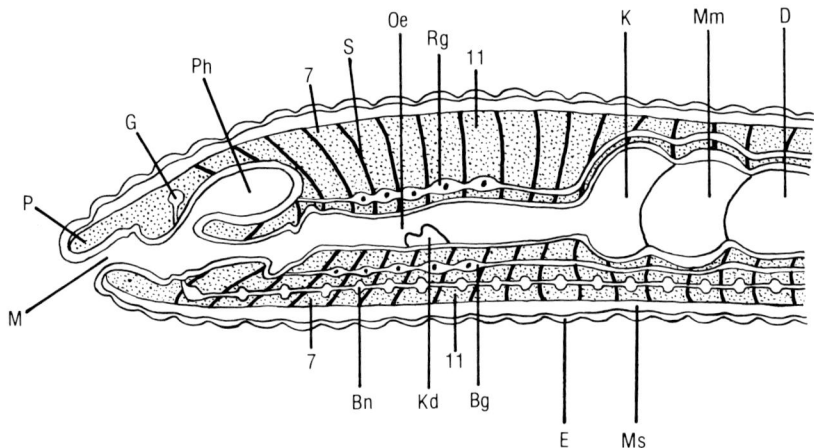

Bild 4. Längsschnitt durch das Vorderende eines Regenwurms (nach Kaestner)

Oben:
G Gehirn
P Prostomium
Rg Rückengefäß mit Eintrittsstellen des Blutes in die „Herzen"
S Septum

Unten:
Bg Bauchgefäß mit Austrittsstellen des Blutes aus den „Herzen"
Bn Bauchnervenstrang
Kd Kalkdrüsen (aus der Oesophaguswand um 90° herausgeklappt)

Verdauungskanal:
D Dünndarm
K Kropf
M Mund
Mm Muskelmagen
Oe Oesophagus
Ph Pharynx

Hautmuskelschlauch:
E Epidermis
Ms Muskelschichten (Ring- und Längsmuskelschicht)
7—11: Segmente, in denen die „Herzen" verlaufen

durch Muskelbewegungen seiner Wände an und befördert sie in die Speiseröhre (in den Oesophagus). In diesem sitzen Kalkdrüsen, die Calciumkarbonat-Teilchen ausscheiden, die sich der Nahrung beimischen. Von da aus wird diese im Kropf gesammelt und dann dem Muskelmagen zugeführt, der sie mit Hilfe von Mineralteilchen, die gleichzeitig mit ihr aufgenommen wurden, zerreibt. Schließlich wird die Nahrung zur chemischen Zersetzung in den Dünndarm überführt. Die umgewandelten Nährstoffe gehen durch die Darmwand in den Blutstrom über. Zur Vergrößerung von deren Oberfläche hängt von der Decke des Darms eine breite Falte herunter, die Typhlosolis. Die unverdaulichen Reste werden, in Schleim gehüllt, mit Hilfe von peristaltischen Bewegungen des Darmes durch den After nach außen geschafft.

Der Dünndarm wird fast in seiner ganzen Länge von einer bräunlichen Masse bedeckt, dem Chloragogen, dessen Funktionen noch nicht ganz geklärt sind. Sicher scheint zu sein, daß es eine leberähnliche Aufgabe hat und Abfallstoffe aufnimmt (s. „Färbung von Regenwürmern").

Begleitet wird der Darm in seiner ganzen Länge von dem Rückenblutgefäß, in dem das Blut von hinten nach vorn fließt, rhythmisch angetrieben von Muskeln in der Aderwand. Unterwegs strömt aus Seitenadern, die aus dem Körperinnern kommen, Blut hinzu. Um einen Rückstau zu vermeiden, sind im Rückengefäß und an den Einmündungsstellen der Seitenadern Klappen eingebaut.

Am Vorderende des Körpers biegt das Rückengefäß bauchwärts um. Während ein kleinerer Teil des Blutes weiter bis zum Kopflappen strömt, wird seine Hauptmasse in den Segmen-

Bild 5. Soeben geschlüpfter Kompostwurm (*Eisenia foetida*) Das Pulsieren des Rückengefäßes ist deutlich zu sehen, die 5 Paar „Herzen" füllen sich gerade mit Blut. Auch das Kopfende ist mit Blut versorgt. Das Pigment bildet sich erst nach 14 Tagen.

ten 7–11 von den 5 Paar „Herzen" aufgenommen. Diese haben besonders starke kontraktile Wandungen und pressen das Blut in das Bauchgefäß, in dem es von vorn nach hinten fließt. In jedem Segment teilen sich mehrere Adern ab und befördern Teile der Blutmenge zu den einzelnen Organen und zu dem Hautmuskelschlauch, unter dessen Oberfläche sie sich zu Kapillaren (Haargefäßen) verzweigen.

Dadurch wird die Atmung ermöglicht: In dem Flüssigkeitsfilm, der die Oberfläche des Wurms bedeckt, löst sich ein Teil des Luftsauerstoffs. Durch die Oberhaut dringt er zu den zarten Blutadern vor und durch deren Wandung tritt er in den Blutstrom ein. Dieser ist rotgefärbt durch Haemoglobin, das mit dem Sauerstoff eine lockere Verbindung eingehen kann. (Auf dem gleichen – nur umgekehrten – Weg wird das im Körper gebildete Kohlendioxid hinausbefördert.) Die Kapillaren vereinigen sich wieder und ziehen, nachdem sie den Sauerstoff abgegeben haben, dem Rückengefäß zu. Entsprechend verhalten sich die anderen Adern. Dadurch ist der Kreislauf geschlossen.

Wir haben hier eine Parallele zur menschlichen Atmung: Auch bei uns muß der Luftsauerstoff sich erst in der Flüssigkeitsschicht, die die Lunge ausfüttert, lösen, ehe er in die Blutkapillaren übergehen kann. Auch bei uns spielt das Haemoglobin die Rolle eines Sauerstoffträgers. Nicht zufällig werden die 5 Paar starker, kontraktiler (zusammenziehbarer) Aderschlingen, die das Blut der Regenwürmer bauchwärts pressen, „Herzen" genannt. Und ebenso wie beim Menschen fließt das Blut der Regenwürmer nur in Adern, ohne in das Gewebe frei einzutreten: In beiden Fällen spricht man von einem geschlossenen „Blutgefäßsystem". Und schließlich verhindert die gleiche „Technik", nämlich der Einbau von Klappen, einen Rückstau des Blutes in diesen Adern. Zusätzlich sei noch eine andere Ähnlichkeit erwähnt: Die Segmentierung erinnert an die menschliche Wirbelsäule mit ihrer Aneinanderreihung gleichartiger Wirbel und den sich wiederholenden paarweisen Austrittsstellen für die Nerven – auch der Arzt spricht von „Segmenten" und weiß genau,

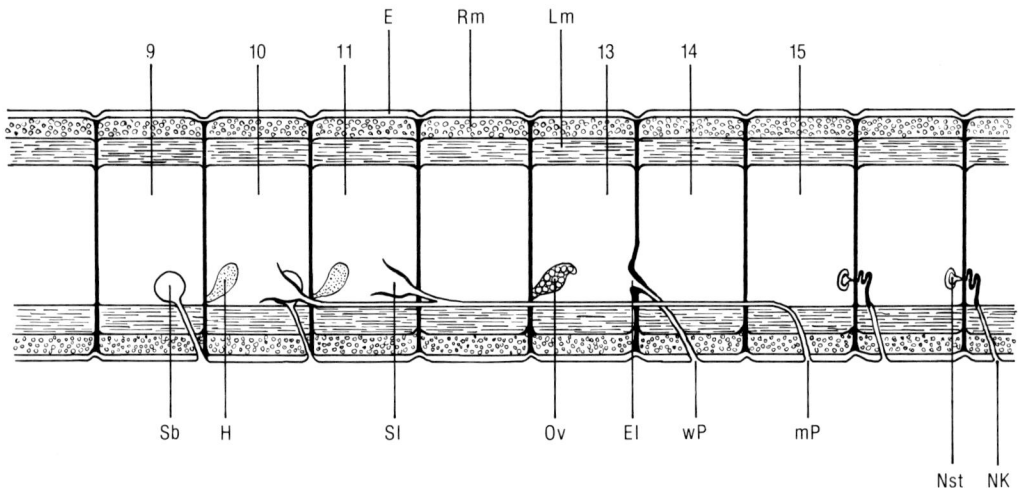

Bild 6. Längsschnitt durch die Geschlechtsregion eines Regenwurms (nach KAESTNER)
Anordnung der Geschlechtsorgane, außerdem zwei Nierenorgane (Nephridien)

Oben:
E Epidermis
Rm Ringmuskelschicht
Lm Längsmuskelschicht
9–15: die betroffenen Segmente

Unten:
Sb Samenbehälter für die fremden Samen in den Segmenten 9 und 10
H Hoden in den Segmenten 10 und 11
Sl die dazugehörigen Samenleiter
Ov Ovar (Eierstock) in Segment 13
El Eileiter
wP weibliche Pore in Segment 14
mP männliche Pore in Segment 15
Nst Nephrostom (Filterkopf der Ausscheidungsorgane)
Nk Nephridialkanal („Nieren"-Kanal)

22

welche Körperpartien von welchen aus dem Rückenmark kommenden Nerven versorgt werden.

Unter dem Bauchgefäß und parallel zu ihm verläuft der Bauch-Nervenstrang. Er ist in jedem Segment zu einem Knoten vergrößert. Aus diesen entspringen Seitennerven, die das Körperinnere versorgen. Er erstreckt sich nach vorn bis zur Körperspitze. Im 3. Segment (von vorn) schwillt er an und bildet das Gehirn (Cerebralganglion). Dieses stellt keine zentrale Regiestätte für die Körperfunktionen dar. So enthält es z. B. keine Zellen, die für die Bewegung verantwortlich sind. Im Gegenteil, es scheint eher hemmend zu wirken: Wenn ein Wurm einen Teil seines Hinterendes verliert, so kriecht das Vorderteil ruhig weiter, während das nun selbständige Hinterstück sich lebhaft hin und her wirft.

Das gleiche geschieht, wenn man dem Tier das Gehirn entfernt: Es bewegt sich dann dauernd (EDWARDS).

Die Regenwürmer sind Zwitter. Sie besitzen männliche (2 Paar) und weibliche (1 Paar) Geschlechtsorgane. Trotzdem befruchten sie sich nicht – oder nur sehr selten – selbst. Im allgemeinen sind sie auf einen Partner angewiesen. Bei der Kopulation überträgt jeder Wurm seine Samenzellen auf den Partner (s. ,,Lebenslauf''). In der Leibeshöhle liegen auch die Ausscheidungsorgane (Nierenorgane, Nephridien), 1 Paar in jedem Segment. Sie filtern aus der Leibeshöhlenflüssigkeit gelöste Abfallstoffe heraus. Diese werden durch den ,,Nieren''-Kanal, der im jeweils nächsten Segment nach außen mündet, an die Oberfläche ausgeschieden. Dadurch wird die Oberfläche der Würmer feucht gehalten.

3. Lebenslauf eines Regenwurms

Die länglichen Kokons, in denen die Jungtiere entstehen und heranwachsen, werden meist nahe der Erdoberfläche abgelegt, da hier Feuchtigkeit und Nahrungsangebot für den jungen Wurm vorteilhaft sind. Die Anzahl der Kokons schwankt jahreszeitlich. Im Frühling und im Herbst, wenn die Alttiere aktiv sind, graben und fressen, legen sie auch Kokons ab, in der Trockenheit des Sommers und der Kälte des Winters dagegen sehr wenige oder gar keine. Im Gegensatz zu den Alttieren, die weder Austrocknung noch Kälte vertragen, sind die Embryonen gegen diese beiden Außenfaktoren weniger empfindlich. So mögen doch viele trotz widriger Umstände überleben. Außerdem konnte ich feststellen, daß nicht alle Embryonen sofort anfangen, sich zu entwickeln, sondern daß ein größerer Prozentsatz wochenlang ohne jedes Zeichen von Innenleben verharrt, um sich dann plötzlich doch noch zu entfalten und zu völlig normalen Jungtieren heranzuwachsen. Diese Verzögerung könnte wichtig für die Erhaltung der Art sein.

Im Kokon entwickelt sich meistens nur ein einziges Jungtier.

Bei den Regenwürmern gibt es kein Larvenstadium, wie etwa bei den Insekten. Regenwürmer entwickeln sich ,,direkt''.

Da die Kokons mancher Arten durchsichtig sind, ließ sich die Wurmwerdung beobachten: Zunächst bildet sich eine kleine Kugel, die in der Nährflüssigkeit schwimmt. Nach einigen Tagen beginnt sie, sich zu strecken. Dann kann man die ersten Coelomsäckchen am späteren Vorderende erkennen. Ist der Embryo so lang wie der größere Kokondurchmesser, wird das

Bild 7. Großer Ackerwurm (*Octolasium lacteum*), Kleinform (ausgewachsen nur 4 cm lang), 6 verschiedene Entwicklungsstufen der Kokons. (Die beiden oberen Kokons – links und Mitte – sind vertauscht worden.) Zunächst erscheint der junge Kokon völlig leer. Dann sammelt sich der Nährdotter in der Mitte. Nun sieht man den sich entwickelnden Embryo als kleine schwarze Kugel. Bald streckt er sich. Schließlich muß er sich in Windungen legen.

Rückenblutgefäß sichtbar, in dem das rote Blut rhythmisch pulsiert. Bald muß der junge Wurm sich in Windungen legen. Er bewegt sich viel, wenn auch langsam. Gelegentlich sieht man ihn fressen: Mit schnappenden Mundbewegungen schwimmt er durch den Nährdotter. Oder er ruht: dann steht der Blutkreislauf still. Die Farbe des Kokons hat sich inzwischen verändert: Er ist nicht mehr gelblich, sondern rötlichbraun geworden, da das Blut der Gefäße und der 5 Paar Herzen durch die dünne Hülle schimmert. Nach 4 Wochen sieht das Würmchen schon sehr „fertig" aus. Aber es braucht noch mindestens die gleiche Zeit, ehe es schlüpfen kann. Es wächst noch, bis es den Kokon prall ausfüllt.

Schon einige Tage, bevor der Embryo den Kokon endgültig verläßt, versucht er, den Ausgang – der stets das Hinterende des Kokons ist – zu öffnen. Das geschieht durch energische Kopfstöße. Häufig streckt er dann das Vorderende heraus. Findet er etwas Genießbares, fängt er sofort zu fressen an. Den Kot legt er im Kokon ab. Nach meinen Untersuchungen ist die Schlüpftätigkeit zur Zeit des Frühlings-Neumondes besonders rege. Manche Jungtiere warten mehr als eine Woche darauf.

Nach dem sehr anstrengenden Schlüpfen widmet sich der junge Wurm seiner wichtigsten Aufgabe: Er fängt an zu fressen, und das unermüdlich. So hat ein junger Wurm stets ein gerade verschlucktes Bröckchen im Halse stecken. Er wird länger und schwerer – man weiß aber nicht genau, ob er noch zusätzliche Segmente bildet oder ob die vorhandenen Segmente nur in die Länge und die Breite wachsen. Nach wiederum 3 Monaten ist der Wurm erwachsen. Jetzt erscheinen auf seiner Bauchseite die ersten Pubertätsmerkmale, bald darauf schwillt die Gürtel-Region an. Die männlichen und die weiblichen Geschlechtsorgane bilden Samen- und Eizellen.

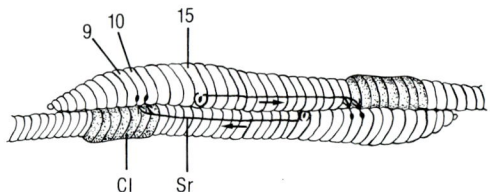

Bild 8. Schema der Begattung
In den Intersegmentalfurchen 9/10 und 10/11 die Öffnungen der Samenbehälter. Auf Segment 15 die männliche Pore.
Cl Clitellum (Gürtel), *Sr* Samenrinne
Die beiden Pfeile zeigen die Richtung an, in der die Samenflüssigkeit bewegt wird.

24

Treffen sich zwei Würmer, so tritt alsbald die Kopulation ein, der offenbar ein „rituelles Geplänkel" vorausgeht (GRAFF).

Danach legen sich die Tiere aneinander, und zwar in entgegengesetzter Richtung, so daß jeder Kopf in Richtung auf Partners Schwanz zeigt. Zwischen den Segmenten 9–35 (etwa) pressen sich die Würmer eng aneinander. Nun entsteht hier bei jedem Wurm als kleine Vertiefung am Hautmuskelschlauch eine schmale Rinne, in der durch rhythmische Bewegungen die Samenflüssigkeit aus den männlichen Poren (Segment 15) fortbefördert wird bis zu einer kleinen Grube (Segment 9) am Hautmuskelschlauch des Partners. Hier werden die jeweilig anderen Samenzellen aufbewahrt (Samenbehälter). Anschließend trennen sich die Tiere wieder. Die Kopulation findet im allgemeinen *in* der Erde statt. Nur der Tauwurm (*Lumbricus terrestris*) wird dabei öfter *auf* dem Erdboden angetroffen.

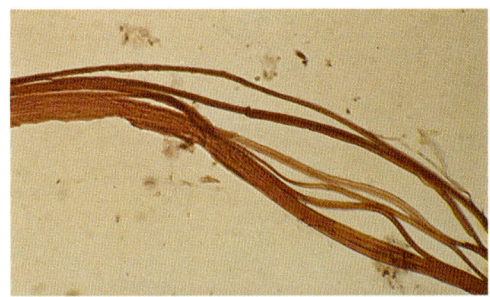

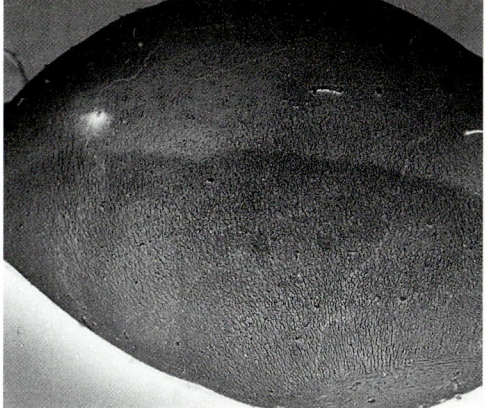

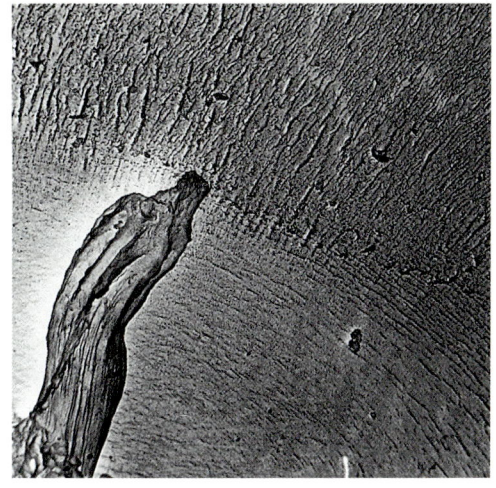

Bild 9. Großer Ackerwurm (*Octolasium lacteum*), Längsschnitt durch die Kokonhülle
Mikroskopische Aufnahme, Vergrößerung 250fach. Kokonhülle in die Schichten auffasernd.

Bild 10. Tauwurm (*Lumbricus terrestris*), Kokonhülle
Rasterelektronenmikroskopische Aufnahme, Vergrößerung 52 fach.
Übergang von einer Schicht zur anderen. Da die Schichten spangenförmig sind, bleibt die erste am „Bauch" offen. Dann dreht sich der Wurm und schließt mit der nächsten Schicht – die ja innen liegt – die Lücke. Das wiederholt er mehrmals (vgl. Bild 9).

Bild 11. Kokonhülle vom Tauwurm (*Lumbricus terrestris*)
Rasterelektronenmikroskopische Aufnahme, Vergrößerung 200fach. Ausschnitt aus Bild 10. (Das Flöckchen gehört nicht ins Bild.) Der Übergang zwischen den beiden Schichten ist deutlich zu sehen. Beide – besonders die obere – erscheinen fein gerippt.

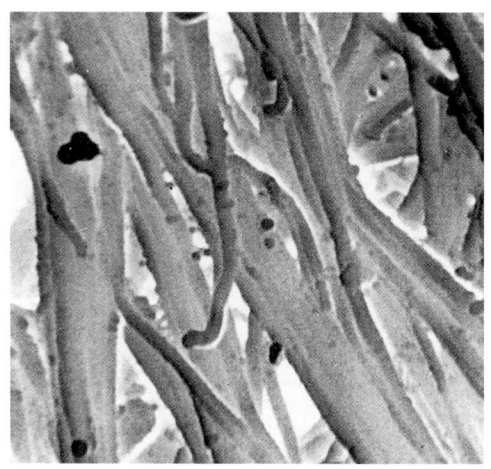

Bild 12. Kokonhülle vom Tauwurm (*Lumbricus terrestris*) Rasterelektronenmikroskopische Aufnahme, Vergrößerung 15 000fach. Ausschnitt aus Bild 11. Eine „Rippe" vergrößert, sie besteht aus einer Unzahl von Schleimfäden, die aus den Clitellardrüsen ausgeschieden wurden. Beim Trocknen verkleben sie miteinander.

Um den engen Zusammenhalt der Würmer zu gewährleisten, sind an der Unterseite des Clitellums einige Borsten zum Packen des Partners verändert. Auch treten meist einige Tröpfchen Schleim am Clitellum aus, der zwischen den Tieren erhärtet (die Kopulation nimmt wenigstens eine Stunde in Anspruch). Behauptungen früherer Autoren, nach denen (mindestens bei dem Kompostwurm *Eisenia foetida*) beide Tiere mehr oder weniger vollkommen in einen Schleimmantel gehüllt sein sollen, konnten nicht bestätigt werden.

Einige Zeit später – einen Tag oder auch eine Woche – bildet der Wurm einen Behälter für die eigenen Eizellen und die fremden Samenzellen: den Kokon. Er scheidet am Clitellum (Gürtel) Schleim aus, viele Lagen, die langsam erhärten.

Da das Clitellum unten offen ist, dreht sich der Wurm bei der Formung des Kokons hin und her. Dadurch entsteht ein kugeliges Gebilde, in das er durch erneute Tätigkeit der Clitellardrüsen Nährflüssigkeit für den zukünftigen Embryo füllt.

Nun zieht er sich aus dem Eiweißring heraus, und zwar rückwärts, so daß der Kokon sich kopfwärts bewegt. Dabei kommt er an den weiblichen Poren (Segment 14) vorbei, wo er einige Eizellen aufnimmt, und an den Behältern für die fremdem Samenzellen (Segmente 9 und 10). Auch hier preßt der Wurm einige Zellen in den vorbeiwandernden Kokon. Die Befruchtung der Eizellen durch die Samenzellen findet also im Kokon statt. Wenn dieser das Vorderende erreicht hat, gibt der Wurm ihm einen letzten energischen Stoß. Dadurch gleitet der Kokon in eine kleine Höhle, die der Wurm vorher durch einige Kopfstöße vorbereitet hat, und die er nun mit Erde verschließt.

Die Größe eines Kokons entspricht meist der Größe des Alttiers. So sind die Kokons vom Tauwurm (14–16 cm lang) etwa 6 mm × 4,5 mm, die von dem 2 m langen Wurm *Megascolides australis 75 mm × 20 mm* (ED-WARDS).

Die Kokons sind zitronenförmig. Wenn sie ganz jung sind, sehen sie strahlend weiß aus, verfärben sich aber bald – infolge der Erhärtung – zu einem Olivgelb. Die Kokons des Tauwurms besitzen darüber hinaus noch eine Schutzhülle, die sehr leicht Erdpartikelchen aufnimmt und dadurch schwarz wird, so daß der Kokon im Boden unsichtbar wird.

Die Kokonenden differieren in der Form bei den verschiedenen Arten: Sie sind entweder beide gleich gestaltet (beim Tauwurm und beim Gro-

ßen Ackerwurm) oder verschiedenartig (beim Köcherwurm und beim Kleinen Ackerwurm).
Bei weiter anhaltenden guten Außenbedingungen wird die Kopulation öfter vollzogen. Wird es aber zu warm oder zu kalt, so treten viele Würmer in die „Diapause" ein (s. S. unten), aus der sie nach Wochen abgemagert erwachen. Sie brauchen einige Zeit, um wieder zu Kräften zu kommen. Wenn sie nicht ihren zahlreichen Feinden – wie Maulwurf, viele Vogelarten, Schlangen, Lurche, räuberische Käfer, Schnekken – zum Opfer fallen und das Wetter für sie günstig bleibt, können sie noch ein zweites Jahr erleben. Viel älter werden sie in der Natur nicht.

Bild 13. Modell des Knotens
Der Körper wird in zwei Windungen übereinander gelegt, der Kopf von oben in die Mitte hineingesteckt.

4. Lebensweise

Diapause und Knotenstadium

Die jahreszeitlich bedingten Schwankungen von Temperatur und Feuchtigkeit machen sich auch in den oberen Schichten des Erdbodens bemerkbar. Dadurch sind die Bodentiere, besonders die Regenwürmer mit ihrer gegen diese Umweltfaktoren empfindlichen Haut, stark in Mitleidenschaft gezogen. Im Sommer droht ihnen Austrocknung, im Winter, wenn der Frost sie erreicht, eine Sprengung der Körperzellen durch Gefrieren der Zellflüssigkeit (Eis hat ein größeres Volumen als die gleiche Menge Wasser).

So müssen sie Vorkehrungen zu ihrem Schutz treffen. Am wirkungsvollsten ist die Diapause, ein Ruhestadium, in das viele Regenwurmarten eintreten können:

Anfang des Sommers und Anfang des Winters hören sie mit der Nahrungsaufnahme auf. Sie ziehen sich in tiefere Erdschichten zurück und graben sich dort eine rundliche Höhle. Sie entleeren den Darm vollständig und tapezieren die Höhlenwandung mit dem Kot aus, der durch seine tonige Beschaffenheit und Feuchtigkeit eine gewisse Stabilität besitzt und dadurch ein Einstürzen verhindert.

Nun rollen sich die Tiere zu einem „Knoten" zusammen: beginnend mit dem Hinterende, türmen sie ihren Körper in 2 Spiralen übereinander. Dann stecken sie das Vorderende senkrecht in der Mitte nach unten hinein. Manchmal stecken sie auch gleichzeitig das Hinterende von unten nach oben in die Spirale. Sie verfallen in einen Starrezustand, in dem sie völlig bewegungslos verharren. Durch diese Maßnahmen – den Knoten und die Kottapete der Höhle – wird der Wasserverlust auf ein Minimum reduziert.

Zum Frühjahr und zum Herbst hin wachen sie

Bild 14. Großer Ackerwurm (*Octolasium lacteum*), Großform mit drohender Abkneifung
Grüngefärbtes Tier beunruhigt. Links, am Wendepunkt der Körperkurve, ist eine Anzahl von Segmenten scharf zusammengezogen. Dadurch werden sie höher, und es entsteht eine Körperverdickung. Dies ist die Stelle der möglichen Autotomie.

wieder auf – stark abgemagert, da sie ja von der eigenen Substanz leben mußten. So brauchen sie mehrere Wochen, ehe sie wieder bei Kräften sind.

Im Sommer ruhen mehr Würmer als im Winter, wahrscheinlich, weil sie trocken und warm schlechter ertragen als feucht und kalt.

Schon die allerkleinsten Jungtiere von nur 2 cm Länge können einen Knoten machen.

Die Knotenbildung scheint kein Vorgang zu sein, der vom Gehirn gesteuert wird. Denn es wurde ein durch Autotomie (s. S. unten) selbständig gewordenes Hinterende vom Großen Wiesenwurm gefunden (92 Segmente lang), das von sich aus einen Knoten formte. Da das Stück Wurmkörper dick war im Vergleich zu seiner Länge, bildete es nur 1 Spirale. Besonders auffällig war, daß das bisherige Körperende die Funktion des Kopfes übernommen hatte.

Autotomie

Viele Regenwurmarten haben die Fähigkeit zur Autotomie, zur freiwilligen Selbstverkürzung:

In Augenblicken der Gefahr, ja schon bei ungewohnten Situationen – die vom Tier wahrscheinlich als „gefährlich" eingestuft werden – werfen die Würmer mehr oder minder große Stücke ihres Körpers ab. Das kann in Sekundenschnelle erfolgen, aber auch nach einigem Zögern des Tieres, als ob es noch abwarte, was weiter passieren würde.

In diesen Fällen ziehen sich an irgendeiner Stelle des Hinterkörpers die Längsmuskeln von 10–20 Segmenten scharf zusammen. Diese werden dadurch sehr schmal, dafür aber höher als bisher. So entsteht hier eine Körperverdickung. Beruhigt sich das Tier wieder, entspannt sich auch die „Abrißstelle". Wenn nicht, erfolgt eine Abklemmung. Diese kann bis zu 50% der Gesamtlänge des Wurmes betragen. Das bedeutet, daß die Würmer nie lebenswichtige Organe abtrennen, z. B. den Gürtel, der ja als letztes wichtiges Organ am Ende des ersten Körperdrittels liegt.

Besonders Jungtiere benutzen diese Fähigkeit der Autotomie, während sie von erwachsenen Würmern viel seltener realisiert wird.

Das abgeworfene Hinterende wird je nach Wurmart neugebildet oder nicht. Im letzteren Falle bleibt der Wurm Zeit seines Lebens verkürzt. Er bildet nur an dem jetzt letzten Segment einen After aus, ist aber in seinen Körperfunktionen unbehindert.

Es wurde ein junger Tauwurm beobachtet, der ein größeres Stück Körperende abgeworfen hatte. Nach sieben Wochen konnte er mit den jetzt letzten Segmenten einen „Spatelschwanz" machen: Das ist eine Eigentümlichkeit mancher Wurmarten. Sie können die letzten 15–20 Segmente so abflachen, daß sie zusammen mit dem Körperende die Form eines Trapezes bilden, einen sogenannten Spatelschwanz. Der Wurm empfand also keinerlei Beeinträchtigung.

Die beiden entstandenen Hälften verhielten sich in allen beobachteten Fällen ganz verschieden voneinander. Während das Vorderende mehr oder minder eilig davonkroch, warf sich das Hinterende aufgeregt hin und her. Nach einigen Minuten pulsierte das Blut in diesem Endstück schon wieder. Solche isolierten Teile lebten noch nach Monaten. Allerdings schrumpften sie wegen der Unmöglichkeit, Nahrung aufzunehmen, nach und nach ein. Die Neubildung eines abgeworfenen Schwanzteils nennt man Regeneration (s. S. 35).

Bild 15. Tauwurm (*Lumbricus terrestris*) mit Spatelschwanz Eine sehr seltene Mißbildung: ein Tier mit zwei Schwänzen. Der Spatelschwanz ist besonders am rechten Ende sehr gut zu sehen: Der Körper wird flachgedrückt, dadurch sieht die Spitze dreieckig aus.

Pheromone

Die Regenwürmer scheinen ein Kommunikationssystem zu besitzen, das ihnen erlaubt, über gewisse Zeit- und Raumabstände hinweg sich Botschaften zuzuspielen: Das sind die Pheromone, Duftstoffe, die im Schleim ausgeschieden und von nachfolgenden Würmern auch „verstanden" werden.

Man hat nachgewiesen, daß der Tauwurm solche Geruchsstoffe produziert, um seine Gangöffnung zu markieren und auch, um einen Partner anzulocken (EDWARDS).

Die Würmer scheinen auch einen Erkennungsstoff für die Empfindung „Angst" in ihrem Schleim ausscheiden zu können. Das zeigt sich bei der üblichen Methode, die Lernfähigkeit (s. S. 34) der Würmer mit Hilfe des Elektroschocks zu testen. Säubert man den Apparat nicht sorgfältig nach jedem Versuch, so zucken die nachfolgenden Würmer vor den Schleimspuren ihrer Vorgänger am „falschen" Ausgang zurück und wenden sich dem anderen Ausgang zu. Offen-

bar warnt sie ein Geruchsstoff in dem für sie sonst neutralen Schleim ihrer Artgenossen.

Hormone

Es gilt heute als sicher, daß gewisse Nervenzellen der Regenwürmer fähig sind, komplexe organische Substanzen zu bilden, die wie Hormone wirken. Sie können in den Blutstrom entlassen werden und beeinflussen verschiedene Organe. So hört z. B. beim Tauwurm die Ei- und Kokonbildung auf, wenn bestimmte Zellen im Gehirn entfernt werden (EDWARDS).

5. Verhaltensweisen

Lautäußerungen

Es gibt einige Vorstellungen über die Fähigkeiten der Regenwürmer, die falsch sind, aber trotzdem hartnäckig weiterleben. Eine davon ist die Meinung, daß die Regenwürmer sich miteinander „unterhalten" können. Wahrscheinlich wurde sie verursacht durch die Beobachtung, daß zuweilen leise und auch lautere Töne aus dem Erdreich schallten, deren Lokalisation schwierig war. Es hat Forscher gegeben, die glaubten, sogar bestimmte Tonfolgen feststellen zu können, wie ,,di, di, di, da, do, do''. In Korea heißen die Regenwürmer deshalb ,,singende Mädchen''. Andere Forscher hielten die Töne für Freßgeräusche der Würmer.

Im Laboratorium konnte ich die Entstehung solcher Töne beobachten. Und zwar an einem Tauwurm. Dieser Wurm hat ein ,,behäbiges'' Temperament, seine ,,Schrecksekunde'' ist lang, sein Reaktionsvermögen gering. Nur selten fand sich ein Wurm dieser Art, der bei Störung erregt reagierte. Meist blieb er zunächst ruhig liegen, um sich dann gemächlich zu entfernen.

Diese Reaktion machte die Beobachtung eines Vorganges möglich, der normalerweise nur im Erdreich vor sich geht: Der Wurm stand teilweise in seiner Röhre, die bis zum Grund des Behälters reichte, also unten geschlossen war, und ragte daraus 5 cm hervor. Er begann, sich zurückzuziehen, tat dies aber mit seiner gewohnten Langsamkeit. Die Luft konnte nicht entweichen, sondern versuchte, an dem Tier vorbeizukommen. Da dessen Hautoberfläche schleimig war, bildete sich am Röhreneingang neben dem Wurm eine Luftblase, die zunächst helle, zitternde Töne erzeugte, dann aber durch den stärker werdenden Druck im Innern der Röhre größer wurde und nun auch tiefere Töne hervorbrachte.

Schließlich zerbarst sie mit einem kleinen Knall wie eine Seifenblase.

Eben diese Töne hört man, wenn man eine größere Zahl von Regenwürmern in einem genügend feuchten Erdreich hält und gegen den Behälter schlägt.

Die Würmer reagieren auf Erschütterungen mit Fluchtbewegungen. Sie kriechen schnell vorwärts in ihren Gängen, in denen Wasser stehen kann, die weiter hinten vielleicht mit Sand verschüttet sind oder mit Kotpfropfen verstopft. Jedenfalls entstehen auch hier kleine Luftdruckunterschiede vor und hinter dem kriechenden Wurm. Es bildet sich eine Luftblase, die sich bewegt und die Töne entstehen läßt. Befinden sich viele Tiere auf der Flucht, vermehren sich die Töne und das ,,Geplauder'' entsteht.

Es handelt sich also weder um ,,Gesprächsfetzen'' noch um Freßgeräusche. Es sind Fluchtgeräusche.

Da die Würmer aber nicht hören können, nehmen sie diese Töne überhaupt nicht wahr. Sie haben keine Beziehung zu den Geräuschen, die nach physikalischen Gesetzen an ihrer Hautoberfläche entstehen.

Wirkung des Wassers

Bringt man Regenwürmer in klares Wasser, beginnen sie sofort, darin umherzuschwimmen, so lange, bis sie sich von ihrem Schleimkleid und den an ihm haftenden Erdpartikelchen befreit haben. Es bleibt manchmal wie eine abgestreifte Hülle neben ihnen liegen. Dann werden ihre Schwimmbewegungen langsamer, bis zur Regungslosigkeit. Je sandiger sie waren, um so mehr scheint ihnen der Aufenthalt im Wasser zu behagen, um so weniger suchen sie nach einem dunklen Plätzchen. An der Schleimhülle haften nämlich nicht nur Bodenteilchen, sondern in ihr sind auch die Exkrete angehäuft, die von den Nierenkanälchen ausgeschieden werden in einer Flüssigkeit, die die Feuchtigkeit der Schleimhaut vermehrt.

War der Wurm in trockenem Erdreich, so hatte

er keine Gelegenheit, diese Exkrete loszuwerden. Trifft er auf klares Wasser, wird er versuchen, sich durch Schwimmen ihrer zu entledigen. Steht das Wasser in den Wurmgängen, kann das Tier in die umgebende Flüssigkeit, die ja klar und ohne flottierende Bodenteilchen ist, seine Exkrete abgeben. Der Wurm wird dann immer sauber aussehen und kommt in angebotenem Wasser auch viel eher zur Ruhe als ein mit Sand behaftetes Tier.

Das Wasser scheint eine Heilwirkung auf die Regenwürmer auszuüben. Das wurde entdeckt an Würmern, die krank aus gedämpfter Erde geholt wurden, und später an vielen anderen Würmern bestätigt: Die Tiere kamen für mehrere Stunden in frisches, klares, kühles Wasser, das noch mehrmals gewechselt wurde. Meist erholten sie sich dabei vollständig. Zeigten sie aber noch keine Lebensregung, wurden sie über Nacht im Wasser belassen. Nach dieser „Wasserkur" waren sie sehr gekräftigt. Sie schwammen mit schnellen, elastischen Bewegungen umher, konnten wieder in die (ungedämpfte) Erde einschlüpfen und begannen nach einiger Zeit – nach frühestens 3 Wochen – erneut mit der Kokonablage.

Massenwanderung

In ländlichen Gebieten tritt auch heute noch gelegentlich ein Phänomen auf, das noch keine allgemein zufriedenstellende Erklärung gefunden hat: die Massenwanderung von Regenwürmern. Auslösende Bedingungen sind die passende Jahreszeit, nämlich das Frühjahr, und ein ausgiebiger Regen in der Nacht.

In der Morgenfrühe sieht man dann am Rande von Ortschaften Hunderte von Regenwürmern eilig die Straße entlang „wandern". Sie ziehen nicht blindlings kreuz und quer, sondern scheinen einer allgemeinen Marschrichtung zu folgen. Sie kommen aus den umliegenden Wiesen, wo sie sich mühsam um jedes Grasbüschel herumwinden mußten. So sind ihnen die von den Menschen „erst kürzlich" angelegten ebenen Bahnen, die Staßen, hochwillkommen für ein schnelleres Vorwärtsgleiten.

Die steigende Sonne mit ihrem Licht und ihrer Wärme bringt ihnen aber das Verderben: Der ultraviolette Anteil des Sonnenlichtes erzeugt in der Haut der Würmer ein Gift, das die Atmung lähmt und zu ihrem Tode führt. Die Wärme trocknet die Haut aus, so daß die Würmer in ihrer Bewegung langsamer werden – bis zum Stillstand. Sie sammeln sich auch in vorhandenen Wasserpfützen, die sich aber erhitzen und damit keine lebensrettende Wirkung haben. Schließlich kommt das ganze Unternehmen zum Erliegen.

Es erheben sich zwei Fragen:

1. Warum kommen die Würmer nach einem starken Regen aus ihren Röhren?
2. Warum sammeln sie sich und ziehen fort?

Die einfachste und am meisten verbreitete Antwort ist: der starke Regen.

Zu Frage 1: *Für* einen starken Regen als Verursacher ließe sich folgendes anführen: Während der vorangegangenen Trockenheit haben sich in der Schleimhaut der Regenwürmer viele Exkrete angehäuft. Fällt dann ein starker Regen, so sucht der Wurm das Wasser auf, um sich zu säubern. In dem Wasser, das jetzt seine Röhre füllt, kann er das nicht, da darin viele Erdpartikelchen schwimmen, die sich sofort wieder auf seiner Körperoberfläche absetzen würden. So kriecht er dem hereinströmenden Wasser entgegen, weil dort die Menge der Bodenteilchen abnimmt. Bei starkem Regen ist die trockene Erdoberfläche für kurze Zeit überschwemmt, weil das Wasser nicht so schnell versickern kann. So gerät der Wurm unversehens aus dem Wasser seiner Röhre in das Pfützenwasser, schwimmt darin herum und findet seine inzwischen verschlämmte Gangöffnung nicht wieder.

Gegen einen „starken Regen" als auslösende Ursache für die Würmer, ihre Röhre zu verlassen, sprechen verschiedene Argumente:

a. Die Würmer können nicht ertrinken, denn sie haben keine Lungen. Der Luftsauerstoff wird in dem Feuchtigkeitsfilm gelöst, der ihre Haut bedeckt, wandert in den Körper hinein und dringt in die Blutadern, wo er von dem Haemoglobin aufgenommen wird.

b. Die Würmer können lange ohne Sauerstoff auskommen, denn sie besitzen einen Mechanismus für anaerobe Atmung (d. h. ohne freien Sauerstoff), der ihnen erlaubt, bestimmte chemische Stoffe in ihrem Körper so abzubauen, daß dabei Sauerstoff verfügbar wird.

c. Die Röhren sind nicht voller „frischer Luft", sondern angereichert mit CO_2, das von den Pflanzenwurzeln ausgeschieden wird. Denn diese atmen – wie Mensch und Tier – Sauerstoff ein und CO_2 aus. Der umgekehrte Vorgang – die Assimilation – findet nur in oberirdischen Pflanzenteilen statt. Von dort erhalten auch die Wurzeln ihren Sauerstoff.

Man kann also sagen, der Regenwurm sei „zuviel Wasser" und „zuwenig Sauerstoff" gewöhnt.

Die Frage 2 läßt sich mit dem „starken Regen" überhaupt nicht beantworten.

Seit einiger Zeit findet ein anderer Gesichtspunkt immer mehr Befürworter unter den Wissenschaftlern (den die Verfasserin auch unterstützt): der Populationsdruck.

Man hat festgestellt, daß Massenwanderungen gehäuft in Jahren auftreten, denen ein für die Regenwürmer besonders günstiges Jahr vorausging. Wo also der Witterungsverlauf „richtig" und das Nahrungsangebot reichlich gewesen war. In solch einem Jahr waren mehr Kokons abgelegt worden, von denen sich wiederum auch mehr als in kargen Jahren zu Jungtieren entwickelt hatten (nach GRAFF).

Wurde das folgende Jahr nun ein „normales", so wurde die Nahrung knapp durch die Überbevölkerung. Es entstand ein „Populationsdruck".

Da „entschlossen" sich viele erwachsene Würmer, dem Nachwuchs Platz zu machen. Und bei einer „günstigen Gelegenheit", das war eine feuchte, dunkle Nacht, zogen sie aus, um ein weniger bevölkertes Gebiet zu finden. So sieht man nur kräftige, erwachsene Würmer verschiedener Arten auf Wanderschaft.

Die Richtung, die sie einschlagen, wird wahrscheinlich von den ersten Tieren, die sich aufmachen, bestimmt. Vielleicht spielen hier die Pheromone (s. S. 29) eine wichtige Rolle. So mögen die Tiere, die sich auf Wanderschaft begeben, Duftstoffe in ihrem Schleim aussenden, um andere Regenwürmer von ihrem Vorhandensein und der Richtung, die sie eingeschlagen haben, zu benachrichtigen.

Kotablage und Lernvermögen

Die Regenwürmer legen ihren Kot in kleinen, gleichmäßigen Stücken entweder in ihren Röhren ab, deren Wände sie mit ihm tapezieren, oder an der Erdoberfläche. Hier geben sie ihn entweder ungeordnet als kleine Häufchen ab, oder sie formen Türmchen daraus: Diese wachsen dadurch, daß der Wurm rückwärts in ihnen hochsteigt und an ihrem oberen Ende weiterbaut. Die Tiere legen den Kot an der jeweils niedrigsten Stelle ab, verstärken auch hier und da einen gefährdeten Punkt.

Viele Wurmarten haben nur in der Jugend die Gewohnheit, Türmchen zu bauen. Diese sind sehr schmal. Sie wachsen schnell in die Höhe, verlieren häufig die Balance und fallen um. Das stört den jungen Wurm nicht. Er benutzt sie weiter, auch in der neuen Richtung. Ganz junge Würmer verwenden ihren Turm als Wohnung. Dann schaut das kleine Tier mit dem Kopf aus der Öffnung.

Der Große Wiesenwurm (s. „Kleine Wurmkunde") baut auch später an der Erdoberfläche vorwiegend Türmchen. Man findet sie auf Wiesen, wo sie bis 5 cm hoch werden (weil dann das Gras wieder geschnitten wird). Sie erhalten ihre Standfestigkeit dadurch, daß der Kot die nächsten Grashalme einhüllt und so in den „Bau" einbezieht.

Hält man diese Tiere im Laboratorium, so formen sie auch hier ihre Kottürme. Sie fangen häufig am Boden des Gefäßes damit an – möglichst, da keine stützenden Grashalme vorhanden sind, in einer Behälterecke –, kommen unversehens an die Oberfläche und bauen weiter bis zum Deckel – genau senkrecht, denn man kann durch den Turm hindurch bis auf den Boden hinunter sehen (s. Bild 18).

Die Tiere wurden mit getrocknetem, gemahlenem Kuhmist gefüttert, der gewöhnlich über die ganze Oberfläche des Behälters gleichmäßig ausgestreut wurde. Die Würmer kommen, um ihn sich zu holen, fressen aber natürlich auch von der Erde.

Bild 16. Kottürme der Kleinform des Großen Ackerwurms (*Octolasium lacteum*)
Sehr junge Würmchen. Der Kotturm im Bildhintergrund lehnt sich an die Behälterwand an, während der in der Bildmitte „freitragend" ist, mit einer Öffnung vorn.

Bild 17. Kotturm vom Großen Wiesenwurm (*Allolobophora terrestris longa*)
Hier hat der „Erbauer" die Behälterecke als Stütze verwendet.

33

Bild 18. Kotturm vom Großen Wiesenwurm (*Allolobophora terrestris longa*)
Links hinten Durchblick bis zum roten Deckel.

Bild 19. Kotturm vom Großen Wiesenwurm (*Allolobophora terrestris longa*)
Der Futterplatz liegt schon viel tiefer als die übrige Erde. Er ist ganz eben.

Streut man das Futter immer nur an einer bestimmten Stelle, so merken sich die Tiere diesen Ort sehr schnell. Sie bauen zwar ihre Kottürme in der üblichen Weise, lassen aber die Futterstellen davon unberührt. Weil sie jedoch die Erde unter dem Futterplatz aufnehmen, sinkt dieser immer tiefer, während die Kottürme sich steil rings herum erheben.

Hört man mit der Fütterung auf, so verschonen die Würmer den bisherigen Futterplatz bei ihrer Grabtätigkeit noch einige Tage. Offensichtlich erinnern sie sich und warten auf neue Nahrung. Sie fressen nicht mal die Erde unter dem Platz fort, obwohl hier Nährstoffe, die durch die Feuchtigkeit aus dem Kuhmist ausgelaugt worden waren, angereichert sind. Sie warten einfach, denn sie haben nicht vergessen, daß an dieser Stelle stets frisches, trockenes Futter in reichem Maße auslag. Nach 3—4 Tagen ist das Erinnerungsbild verblaßt, und sie beginnen, den „gedeckten Tisch" um und um zu wenden. Ich meine, daß die Würmer damit den Nachweis einer gewissen Lernfähigkeit erbracht haben — freiwillig, ohne gequält zu werden.

Denn die übliche Methode, ihre Lernfähigkeit zu testen, ist der Elektroschock: Man benutzt dazu eine Glasröhre, die an einem Ende einen rechts und einen links abbiegenden Ausgang hat. Der Wurm muß nun durch die Röhre kriechen. Benutzt er den „falschen" Ausgang, erhält er einen kleinen elektrischen Schlag. Nun muß er immer wieder durch das Rohr hindurch — 100 Male und mehr. Man zählt die „Fehlleistungen" und beurteilt danach seine Lernfähigkeit.

Allen Versuchen und Quälereien zum Trotz ließ sich bisher kein eindeutiges Bild vom Lernvermögen der Regenwürmer machen.

Die oben berichtete Beobachtung – die sich statistisch oft wiederholte – ermöglicht dagegen eine positive Auslegung dieser Frage.

Regeneration

Unter Regeneration versteht man den in der Natur weitverbreiteten Vorgang der Ausheilung von Wunden, also der Neubildung von Gewebe oder Organen bzw. Organteilen, die verloren gegangen sind. Das mögen Federn sein, das Geweih eines Hirsches oder der Schwanz einer Eidechse. Immer soll der vorige Zustand wiederhergestellt werden.

So ist es auch bei den Regenwürmern: Werden sie von einem Freßfeind am Hinterende ergriffen, so können viele Arten den Schwanz abkneifen und sich – vielleicht – in Sicherheit bringen. Häufig wird dieses verlorene Körperende dann regeneriert. Der Wurm zieht sich an eine geschützte Stelle im Boden zurück, entleert den Darm vollständig und verharrt nun in einem wochenlangen Ruhestadium, währenddessen das Körperende nachwächst.

Dies ist der Gang in der Natur. Um die Jahrhundertwende fanden Wissenschaftler heraus, daß die „künstliche" Regeneration noch viel weiter geht: man kann den Würmern Stücke des Vorderendes abschneiden – 3, 7, 18 Segmente – und bei „guter Pflege", wie es in den alten Berichten heißt, können die Tiere diese Segmente samt Inhalt regenerieren. „Gute Pflege" heißt vor allem keine Bedrohung durch Freßfeinde (denn Würmer, die keinen Kopflappen haben, können sich nicht eingraben, sie bleiben dort unter Zuckungen liegen, wo sie verletzt wurden, und bieten sich durch ihre unkontrollierten Bewegungen dem Feind direkt an). Dann müssen Temperatur und Feuchtigkeit stimmen, die

Luft muß möglichst keimfrei sein – wo hat ein derart verletzter Wurm unter natürlichen Bedingungen die Möglichkeit der „guten Pflege"? Er wird mit Sicherheit sterben.

Man ist sogar noch weiter gegangen und hat den Regenwürmern verschiedene innere Organe, z. B. den Kropf, herausgeschnitten – und siehe da: das Tier bildete einen neuen Kropf.

Alles dieses ist nicht auf natürliche Bedingungen übertragbar. Das hat man jedoch getan und laut verkündet, was man doch für Wunderdinge mit einem Regenwurm anstellen könne. Von hierher rührt die allgemeine Überzeugung, man könne seine Kompostwürmer im Garten vermehren, indem man sie einfach zerschneide. Das ist jedoch ein Aberglaube, wenn auch ein tiefsitzender.

In der Natur – und jeder Komposthaufen ist „Natur" im Gegensatz zu den Laborbedingun-

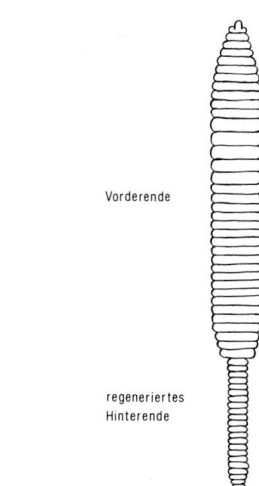

Vorderende

regeneriertes
Hinterende

Bild 20. Regeneriertes Hinterende. Das Längen- und Breitenwachstum setzt erst ein, wenn die Bildung aller neuen Segmente beendet ist.

gen – beschränkt sich die Regenerationsfähigkeit der Regenwürmer – wenn überhaupt vorhanden – auf die Neubildung des Schwanzteils durch das noch vorhandene Vorderteil. Dieses muß alle wichtigen Organe bis zum Clitellum einschließlich enthalten. Da das Hinterende aus einer Aneinanderreihung völlig gleichartiger Kämmerchen, der Segmente, besteht, braucht die Wachstumszone am letzten Segment des Vorderteils nur dieses „Grundmuster" zu wiederholen.

Zunächst wird der After gebildet, um den Körper abzuschließen, damit keine Parasiten eindringen können. Zwischen ihm und dem Vorderteil entstehen nun die einzelnen Segmente mit allen ihren Organen, wie Darm, Adern, Nerven, Nephridien mit ihren Ausführungsgängen, Ring- und Längsmuskulatur, Epidermis, Borsten, alles gleichzeitig und in kleinen Schritten. Ist das Segment fertig, sind die inneren Organe sofort funktionsfähig, sie brauchen nur noch zu wachsen. Denn das Regenerat ist zunächst dünner und schmaler als der „alte" Körper. Die Tiere fressen in dieser Zeit nicht und verhalten sich völlig passiv.

Ich konnte einen Wurm beobachten, der, aus dieser Ruhe aufgeschreckt, wieder zu fressen begann. Der Kot gelangte nur bis zum Ende des „alten" Körpers. Unter größter Kraftanstrengung preßte der Wurm ihn in den viel schmäleren „neuen" Darm, der dabei so gedehnt wurde, daß die ganze Neubildung nur aus Darm zu bestehen schien und die Blutbewegung zum Stillstand kam. Aber da alle inneren Organe ausgebildet waren, gelang es dem Wurm nach einiger Zeit, den Kot auszuscheiden.

Nie aber wird in der Natur ein verlorengegangenes Vorderende ersetzt.

6. Künstliche Färbung von Regenwürmern

Bis in die Neuzeit hinein gab es keine Methode, Regenwürmer so zu markieren, daß man sie wiedererkennen konnte, nachdem sie im Boden verschwunden waren und dann erneut ausgegraben wurden.

Heute gibt es zwei Möglichkeiten:

Die eine besteht darin, dem Futter Radio-Isotope zuzusetzen und zu hoffen, daß der Wurm davon frißt. Benutzt wurden die Isotope Fe^{59}, Cs^{137} und andere. Diese Stoffe aber sind giftig und führen nach kürzerer oder längerer Zeit (Stunden bis Wochen) zum Tode.

Die zweite Möglichkeit besteht in der Färbung der Regenwürmer. Es galt, eine Farbe mit folgenden Eigenschaften zu finden: Sie mußte ungiftig für die Tiere sein, bequem zu handhaben, im Boden leicht zu erkennen, vom Tier zwar aufgenommen, aber auch wieder abgestoßen werden können.

Es ist mir gelungen, die bisher einzige Farbe zu finden, die diese Bedingungen erfüllt. Es ist ein wasserlöslicher, leuchtend grüner Farbstoff aus der Reihe der Lebensmittelfarben. Grün wurde gewählt, weil diese Farbe wohl *auf* dem Erdboden vorkommt, aber nicht *in* ihm – wo das Chlorophyll fehlt – und deshalb recht auffällig ist. Sie läßt sich auch in großer Verdünnung noch recht gut erkennen, während andere Farbnuancen – wie gelblich oder rötlich – leicht mit der Tönung des Gewebes oder auch der Leibeshöhlenflüssigkeit verschwimmen.

Da die Farbe nach dem Eintauchen des Tieres in die Farblösung (1:10 Farbe zu Wasser) in den Wurmkörper hineinwandert und sich auf dem Chloragogen festsetzt, sieht der Wurm zunächst

Bild 21. Frisch gefärbter Tauwurm (*Lumbricus terrestris*)
Vom Gürtel ab nach hinten ist er ganz grün. Die Farbe sitzt
noch auf dem Hautmuskelschlauch.

Bild 22. Vierzehn Tage zuvor künstlich gefärbter Großer
Wiesenwurm (*Allolobophora terrestris longa*)
Das Grün sitzt jetzt im sog. Chloragogen, das den Darm be-
deckt.

ganz grün aus. Nach und nach verblaßt das Grün, weil das Tier den Farbstoff wieder ausscheidet.

Bei pigmentierten Arten geschieht das schneller als bei unpigmentierten.

Bisher war es unmöglich, Ergebnisse, die man im Laboratorium bei Versuchen mit Regenwürmern erzielt hatte, im Freiland – also auf der Wiese oder auf dem Acker – nachzuvollziehen. Dies ist aber häufig sehr wichtig, um zu kontrollieren, ob die Tiere unter natürlichen Bedingungen ebenso reagieren wie im Labor. Denn man konnte die Tiere nicht kennzeichnen, wie man das z. B. mit Bienen tun kann. Alle bisher gebrauchten Farbstoffe sitzen nur oberflächlich auf dem Schleimkleid und werden, wenn der Wurm durch die Erde kriecht, leicht wieder abgestoßen. Kommen sie aber mit der Haut in Berührung, so wirken sie als Gift.

Da die grüne Farbe in den Körper hineinwandert, wird sie den Außeneinflüssen weitgehend entzogen.

Ein zweites wichtiges Gebiet, auf dem die Färbemethode von großem praktischen Nutzen sein könnte, ist die Untersuchung von Spray- und Streumitteln, die in der Land- und Forstwirtschaft verwendet werden, auf ihre Giftigkeit für den Boden und seine Bewohner. Stellvertretend für deren überwältigende Mehrheit – nämlich die Mikroorganismen, die nicht direkt erfaßbar sind – steht der Regenwurm, das größte wirbellose Bodentier.

Die Untersuchungsmethode ist sehr einfach: Es genügt, eine größere Anzahl von Regenwürmern an einem Platz auszugraben, zu färben und wieder einzugraben. Nach einigen Monaten findet man dann bei erneutem Ausgraben eine mehr oder minder große Anzahl von Würmern wieder. Man drückt die Zahl der wieder aufgefundenen Würmer zur Gesamtzahl in

Prozenten aus. Je mehr Tiere man für eine solche Untersuchung färbt, um so größer ist die Wahrscheinlichkeit, ein recht exaktes Bild von der Gefährlichkeit des Spray- oder Streumittels, das man in dieser Zeit oberirdisch verwandt hat, zu erzielen.

Nun erhebt sich die Frage, ob auch die anderen Bodenorganismen geschädigt, d. h., ob sie dezimiert wurden. Erst jetzt ist es sinnvoll, weit angelegte chemische Untersuchungen einzuleiten, z. B. über die Beständigkeit des Pflanzenschutzmittels im Boden, sein Verhalten gegen die Bodenfeuchtigkeit, welche Zerfallsprodukte es evtl. bildet usw.

Welche Bedeutung dem Regenwurm in dieser Hinsicht zugebilligt wird, zeigt sich daran, daß man staatlicherseits Richtlinien zur Untersuchung der Einflüsse von Pflanzenschutzmitteln auf die Regenwürmer erarbeitet und sie mit denen der anderen europäischen Staaten koordiniert hat.

Für Leser, die es ganz genau wissen wollen: Die verwendete Farbe wird von der Fa. Dragoco, Holzminden, geliefert. Ihre Bezeichnung ist 5/047451. Sie wird im Verhältnis 1 g Farbpulver : 10 ml Wasser gelöst.

Kleine Wurmkunde

Regenwürmer im System der Tiere

Das Tierreich ist ungeheuer vielgestaltig. Und so suchen die Wissenschaftler, die Vielfalt der Formen zu gliedern und zu bündeln, um dadurch einen Überblick über den Reichtum des Lebens zu gewinnen. Die gerade in unserem Jahrhundert sprunghafte Weiterentwicklung der Techniken – man denke an die Mikroskope oder an die heutigen Möglichkeiten chemischer Analysen – bringt auch neue Einsichten über die Verwandtschaftsverhältnisse mancher Tierarten zueinander. Dadurch ist das ,,System'' der Tiere immer wieder Veränderungen unterworfen.

Meist wird nach morphologischen (gestaltlichen) Merkmalen unterschieden:
Die Regenwürmer gehören zum *Stamm* der Annelida = Gliederwürmer (von lat. anulus = Ring, also Ringelwürmer),
unter diesen zur *Klasse* der Clitellata = Gürtelwürmer (wegen des Clitellums oder Gürtels),
hier zur *Ordnung* der Oligochaeta = Wenigborster (die Vielborster besitzen sehr viel mehr Borsten, die außerdem noch zu Gruppen auf Stummelfüßen stehen),
und schließlich zur *Familie* der Lumbriciden (nach dem am längsten bekannten und am meisten beobachteten und untersuchten Wurm, dem *Lumbricus terrestris,* genannt).
Diese Familie ihrerseits zerfällt in mehrere *Gattungen*. Und jede Gattung wieder in mehrere *Arten*. Die Art ist die kleinste System-Einheit. Man bezeichnet einen Regenwurm (alle anderen Tiere übrigens auch) mit seinem Gattungsnamen und dann mit seinem Artnamen.
Auf den folgenden Seiten werden 9 Regenwurmarten vorgestellt, die zu 5 verschiedenen Gattungen ein und derselben Oligochaeten-Familie gehören.

Vorkommen der hier besprochenen Regenwurmarten:
Die im Erdboden lebenden Regenwurmarten bilden kein unentwirrbares Durcheinander, sondern haben, ihren Nahrungsbedürfnissen entsprechend, bestimmte Standorte.
So finden wir den nicht sehr wählerischen Tauwurm fast überall, den Großen und den Kleinen Ackerwurm überwiegend in nicht gedüngten Böden,
den Großen Wiesenwurm gern auf Grünland,
den Kleinen Wiesenwurm auf Wiesen und auf Äckern,
den Köcherwurm in der Waldstreu und in Gartenböden,
den Braunen Laubfresser ebenso wie den Roten Laubfresser in der Laubstreu, beide zusammen mit dem Köcherwurm in der Oberflächenschicht der Komposthaufen
und schließlich den Kompostwurm in den Komposthaufen.

Verzeichnis der lateinischen Namen
(die unterstrichene Silbe wird betont).
Allolobophora caliginosa, Kleiner Wiesenwurm (kommt aber auch im Acker vor)
Allolobophora chlorotica, Kleiner Ackerwurm
Allolobophora terrestris longa, Großer Wiesenwurm
Dendrobaena rubida, Köcherwurm
Eisenia foetida, Kompostwurm
Lumbricus castaneus, Brauner Laubfresser
Lumbricus rubellus, Roter Laubfresser
Lumbricus terrestris, Tauwurm
Octolasium lacteum, Großer Ackerwurm

Das Wort *Allolobophora* ist aus drei verschiedenen Wörtern zusammengefügt: „phora" heißt „Trägerin" (s. Christophorus = „Christusträger"), „lobo" ist der Kopflappen, der „Lobus" am 1. Segment der Regenwürmer, „allo" bedeutet „andersartig" und bezieht sich auf die Form des Lobus, die ja „anders" ist, nämlich epilob, als bei *Lumbricus terrestris*, wo sie tanylob gebildet ist. Zieht man alle drei Wortteile zusammen, so erhält man „Trägerin eines anders geformten Kopflappens".

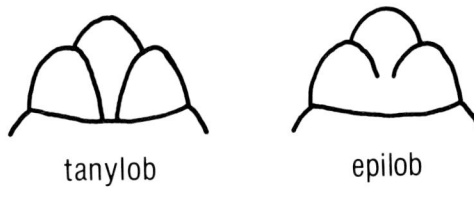

Bild 23. Formen des Prostomiums (aus GRAFF)
Bei unseren einheimischen Regenwürmern gibt es nur diese beiden Formen der Verwachsung zwischen Lobus und 1. Segment. Und nur die Gattung *Lumbricus* hat das tanylobe Prostomium.

Der Tauwurm, Lumbricus terrestris

Er ist über die ganze Welt verbreitet. Als „blinder Passagier" ist er mit den Schiffen zu fremden Ufern gereist. Von den Häfen ging seine Eroberung des Neulandes aus.

Er ist der einzige einheimische Regenwurm, der – nicht nur nachts, sondern auch häufig am Tage – an der Erdoberfläche erscheint und Blätter sammelt. Dabei verläßt er seine Röhre nicht ganz, sondern bleibt mit dem letzten Viertel seines Körpers in ihr stecken. Mit kreisenden Bewegungen tastet er nach abgefallenen Blättern. Er saugt sich mit seinen starken Schlund-Muskeln derartig an einem Blatt fest, daß er es zu sich heranzuziehen vermag. Sein chemischer Sinn, der am Prostomium (Kopflappen) lokalisiert ist, hilft ihm dabei, die Blattspitze zu finden. Nur in dieser Stellung kann sich die Blattspreite eng zusammenrollen, was dem Wurm ermöglicht, das Blatt in seine Röhre hineinzuziehen – wenigstens bis zur Hälfte.

Auf diese Weise kann er etwa 10 Blätter in den Gang schaffen. Häufig hat er mehrere Röhren, die er in Kürze mit Blättern füllt. Im Herbst sieht man die Tauwürmer in voller Tätigkeit: dichtgedrängt – Sträußchen neben Sträußchen – stehen die Blätter senkrecht in der Erde, die meisten mit dem Stiel nach oben. Der Tauwurm wartet vor dem Verzehr noch die mikrobielle Zerstörung der Blattkutikula ab. Dann kann er selbst an den Zellsaft heran, den er aus dem Gewebe saugt.

Wenn der Tauwurm auch ein „gemütlicher" oder auch „bequemer" Wurm zu sein scheint, so kann er doch „im Ernstfall", nämlich wenn er hungrig ist, kräftig zupacken. Dann nimmt es auch sogar entschlossen mit einem überlegenen Gegner auf, z. B. mit einer menschlichen Hand, der er ein Blattstück energisch streitig macht, indem er es wieder zu sich heranzieht, wenn es fortgezogen wird – und das mehrere Male hintereinander. Oder er läßt sich mit einem Blattstück, an dem er gerade festgesaugt ist, ohne loszulassen hochheben.

Einmal wurde ein Tauwurm in Selbstbefruchtung angetroffen: Er ragte etwa 5 cm über den Erdboden empor. Die Spitze seines Vorderendes war auf den übrigen Körper herabgeklappt, so daß die Segmente (etwa) 15 und 9 aufeinander zu liegen kamen (also die männliche Pore und die Öffnung für den Samenbehälter, der die fremden Samen aufnimmt). An dieser Stelle war der Wurmkörper sehr stark eingezogen, so daß eine gewisse Einschnürung entstanden war. Ausschlaggebend war aber, daß ein Tröpfchen Schleim hier zu sehen war, weiß und dicht, genauso, wie es bei einer normalen Kopulation von den Würmern ausgeschieden wird.

Wenn die Röhre, die sich der Tauwurm gräbt, auch nur so weit ist, daß er sich mit seinen Borsten beim Hinauf- und Hinabsteigen an der Wandung noch abstützen kann, so ist er doch fähig, sich in ihr umzudrehen. Es wurde häufig beobachtet, daß er rückwärts in seiner Röhre verschwand, sich dann aber in dem Gang umdrehte und nun eine größere Menge dünnflüssigen Kotes produzierte, der die Öffnung in gleicher Höhe mit dem Erdboden verschloß, so daß sich diese Stelle nicht mehr wiederfinden ließ. Kommt er in dieser Röhre wieder nach oben, so wird der inzwischen erhärtete Kotpfropf hinausgestoßen.

Der Name „Tauwurm" bezieht sich darauf, daß das Tier in feuchten Nächten besonders zahlreich auf der Erdoberfläche zu finden ist.

Bild 24. Tauwurm (*Lumbricus terrestris*)
14–16 cm lang. Körper weich, nach hinten abgeplattet, rot-braun pigmentiert, Vorderende stets dunkler, Hinterende durchscheinend. Erwachsen, Clitellum (Gürtel) gut entwikkelt.

Kokon des Tauwurms

Die Kokons sind immer in Erde eingehüllt und auf diese Weise wohl auch für Freßfeinde nur schwer zu finden.

Die eigentliche Farbe des Kokons ist olivgrün-gelblich, so wie sie das bei allen anderen einheimischen Regenwurmkokons auch ist.

Die Gattung *Lumbricus* besitzt darüber hinaus noch eine Schutzhülle. Sie ist eigentlich weißlich, nimmt aber im Boden diese schwarze Farbe an. Sie besteht aus 4–5 Schichten, die von einem leeren Kokon mit dem Skalpell leicht abzutragen sind. Man erhält Teilstücke, die ge-

nau die sattelförmige Gestalt des Gürtels zeigen und auch beibehalten, wenn man sie in Wasser legt. Sie sind wie eine Schachtel mit den offenen Enden ineinander gesteckt.

Diese Schutzhülle ist nicht so lederartig fest wie die eigentliche Kokonhülle. In Wasser wird sie nach 2 Monaten mürbe, während die wirkliche Hülle noch nach 1 Jahr unverändert ist. Die Flöckchen auf der äußeren Hülle sind wohl als zu dünne und deshalb zerrissene Schichten zu verstehen, die ersten, die der Wurm für diesen Kokon produzierte.

Im Labor gehaltene Tauwürmer verzichten mit der Zeit mehr und mehr auf die Bildung dieser Schutzhülle. Nach 2−3 Jahren bedeckt sie nur noch die Hälfte des Kokons.

Bild 25. Oben: Kokon des Tauwurms (*Lumbricus terrestris*) Etwa 6 mm lang und 4 mm breit. Zur Verdeutlichung ist er gewaschen. Beide Kokonenden sind symmetrisch, sie sind zu Kegeln aufgetürmt. Durch einen von diesen wird das Jungtier später schlüpfen.

Unten rechts: Kokon des Braunen Laubfressers (*Lumbricus castaneus*) Etwa 3 mm lang und 2,5 mm breit. Der Kokon ähnelt dem des Tauwurms sehr. Auch hier sind die Kokonenden symmetrisch und kegelförmig. Wie die Tauwurm-Kokons haben sie eine schwarze Schutzhülle. Auch dieser Kokon wurde gewaschen.

Unten links: Kokon des Roten Laubfressers (*Lumbricus rubellus*) Er ist etwa 4 mm lang und 3 mm breit, steht also größenmäßig zwischen den beiden erstgenannten *Lumbricus*-Arten. Obwohl man es nicht so genau sehen kann, ist die Form auch dieses Kokons echt „Lumbricus".

Bild 26. Kokon des Tauwurms (*Lumbricus terrestris*) Mikroskopischer Schnitt, Längsschnitt durch einen der Kokonkegel, Vergrößerung 350fach. Die Nährflüssigkeit geht in einem Kanal bis zur Spitze. Die zusätzliche Schutzhülle hebt sich von der eigentlichen, hier rotgefärbten Kokonwandung durch ihre braune Farbe ab.

Der Braune Laubfresser,
Lumbricus castaneus

Er ist der kleinste einheimische Verwandte des Tauwurms. Er ähnelt seinem „großen Bruder" in mancherlei Hinsicht:

1. Er ist auch rotbraun pigmentiert, sogar noch beträchtlich dunkler, daher sein Name („castaneus" = kastanienfarbig).

2. Auch er hat ein „tanylobes" Prostomium. Das will sagen, daß die Einkerbung, mit der der Kopflappen in das erste Segment eingefügt ist, sich hinaufzieht bis zur Segmentgrenze $^1/_2$. Alle anderen einheimischen Wurmgattungen haben ein „epilobes" Prostomium. Wie Bild 23 zeigt, hört hier die Einkerbung viel früher auf.

Es gibt natürlich auch Verschiedenheiten:

1. Die Pigmentierung verblaßt nicht schwanzwärts, sondern bleibt von vorn bis hinten in gleicher Stärke erhalten.

2. Er kann keinen Spatelschwanz machen.

Bild 27. Brauner Laubfresser (*Lumbricus castaneus*) 4–6 cm lang, Gürtel gut ausgebildet. Er ist drehrund, „ruhig".

Kokon des Braunen Laubfressers

Es ist fast unmöglich, diesen Kokon draußen in der Natur zu finden. Obwohl er sich in ein Mäntelchen aus Erde einhüllt und dadurch an Umfang zunimmt, ist er nur ein Krümel unter vielen. So muß man ihn aus erwachsenen Würmern im Labor ziehen. Fühlen sich die Elterntiere wohl, werden sie es mit reichlicher Kokonablage danken.

Der Rote Laubfresser,
Lumbricus rubellus

Er ist dargestellt auf Seite 18 dieses Buches. Er ist wesentlich kleiner als der Tauwurm (*Lumbricus terrestris*), denn er mißt nur 10–12 cm in der Länge. In seinen körperlichen Eigentümlichkeiten hat er mehr Ähnlichkeit mit dem Braunen Laubfresser (*Lumbricus castaneus*) als mit dem Tauwurm: So ist seine Farbe viel intensiver rot (wie schon sein Name besagt: „rubellus" = rot). Sie ist in gleicher Stärke über seinen ganzen Körper ausgebreitet. Er ist drehrund. Und er kann keinen Spatelschwanz machen. Er ist der lebhafteste von ihnen.

Alle drei *Lumbricus*-Arten sind wichtige Abfallfresser. Ihre große Zeit ist der Herbst bis zum beginnenden Winter, wenn die Blätter von den Bäumen und Sträuchern zur Erde herabsinken und ihre Oberfläche weithin bedecken. Dann macht sich der Tauwurm (*Lumbricus terrestris*) auf, um die ihm am besten mundenden Blätter in Reichweite seiner Röhren zu sammeln und „einzubringen". Die beiden kleinen Wurmarten, der Rote Laubfresser (*Lumbricus rubellus*) und der Braune Laubfresser (*Lumbricus castaneus*), müssen warten, bis die Blätter zu Laubmieten im Wald aufgetürmt sind oder als oberste Schicht auf den Komposthaufen ausgebreitet werden.

45

Der Große Ackerwurm, Octolasium lacteum

Er ist ein Mineralbodenfresser, der sich von den Mikroben ernährt, die auf den losen Sand- und Gesteinsteilchen sitzen. Die anorganischen Stoffe verlassen den Wurm wieder mit dem Kot. Auf diese Weise kommen untere Schichten nach oben. Sie enthalten jetzt auch noch Nährstoffe, die im Regenwurmdarm entstanden und für die Pflanzen sehr nützlich sind (s. Humus S. 66). Außerdem wandern die Pflanzenwurzeln in verlassene Regenwurmröhren hinein, da diese mit dem Kot austapeziert sind und dadurch eine sehr gute Nahrungsquelle darstellen.

So ist der Große Ackerwurm von sehr großer Bedeutung für Wald- und Ackerböden. Mit frischem Pflanzenabfall weiß er nichts anzufangen. Er muß warten, bis die mikrobielle Zersetzung weit genug fortgeschritten ist.

Der gelbe Fleck am Hinterende muß eine wichtige Funktion ausüben. Denn wenn ein Wurm durch einen Unfall ein Stück seines Hinterendes verliert, so entsteht kein Regenerat, wohl aber wird innerhalb von wenigen Tagen ein neuer gelber Fleck am jetzigen Schwanzende gebildet. Er stellt vielleicht eine Art von Abfallbeseitigung dar, weil diese gelben Flecken häufig mit Parasiten (z. B. Fadenwürmern) angefüllt sind.

Bei geringer Beunruhigung schon spritzen die Würmer Leibeshöhlenflüssigkeit durch die Rückenporen.

Kokons vom Großen Ackerwurm

Die Embryonen haben die Hälfte ihrer Entwicklungszeit im Kokon erreicht. Sie schlüpften etwa 5–6 Wochen später. Die Vorderenden sind dunkel, man erkennt die Segmentierung. Besonders vorn links sind die einzelnen Segmente klar zu sehen. Rechts oben sieht man nicht einzelne Segmente, sondern Gruppen von ihnen, die durch schärfere Einschnürungen der Septen entstanden sind. Solche „Unregelmäßigkeiten", die auch noch den Darm betreffen, sind oft bis zur Schlüpfzeit zu sehen. Sie verschwinden dann aber ohne Nachteil für das Jungtier.

Die Stielchen an den Kokonenden sind so verklebt, daß das Jungtier sie nicht öffnen kann. So bohrt es sich eine Öffnung daneben.

Im Kokon in der Mitte scheinen sich Zwillinge zu entwickeln. Das kommt bei dieser Wurmart häufig vor, wenn sie im Labor gehalten wird – vielleicht durch den Futterüberfluß zu erklären.

Bild 28. Großer Ackerwurm (*Octolasium lacteum*)
4–12 cm lang, Körper weich, unpigmentiert, milchig-blau erscheinend. Rosa Vorderende, gelber Halbring, gelbe Schwanzspitze.

Bild 29. Kokon vom Großen Ackerwurm
(*Octolasium lacteum*)
Etwa 5 mm lang und 3 mm breit, beide Kokonenden sind symmetrisch. Sie sind zu Stielchen zusammengedreht. Typische Farbe der eigentlichen Kokonhülle in fortgeschrittenem Stadium. Vorn links ist die Segmentierung zu erkennen. Die Kokons wurden etwas vergrößert, um Einzelheiten im Innern erkennen zu können.

Der Große Wiesenwurm, Allolobophora terrestris longa

Die Würmer haben ein lebhaftes Temperament, das sie zu schnellen, ruckartigen Bewegungen veranlaßt. Nie kommen sie langsam und vorsichtig aus der Erde hervor. In Augenblicken der Gefahr werfen sie sich kraftvoll hin und her und versuchen dann zu entfliehen.

Der Große Wiesenwurm tritt in 2 Farbvarietäten auf: einer dunklen Form und einer helleren. Die „Milchschokoladen"-Farbe der letzteren ist auf Bild 3 sehr gut getroffen. Die Farbe der dunklen Form wird exakt dargestellt auf Bild 30.

An dieser Aufnahme sieht man deutlich den Unterschied zu den beiden anderen großen Arten: Während sich Tauwurm und Großer Akkerwurm „geduldig" fotografieren lassen, wirft sich der Große Wiesenwurm ungestüm hin und her. Seine wahre Länge beträgt nur $^3/_4$ der hier gezeigten.

Vom Tauwurm ist bekannt, daß er sich auf der Erdoberfläche paart. Dabei bleiben beide Tiere mit ihren Hinterenden in ihren Gängen. Dasselbe konnte beim Großen Wiesenwurm beobachtet werden, die paarweise in Behältern gehalten wurden: Auch hier lagen die Tiere auf der Erdoberfläche und blieben mit ihren Hinterenden in ihren Röhren. Der Versuch, sie mit einem Stäbchen hochzuheben, mißlang. Denn sie hatten einerseits festen Kontakt miteinander, andererseits hatten sie sich in ihren Röhren so verankert, daß jeder Wurm straff gespannt war. Das diente vielleicht dazu, die Samenrinne ge-

rade zu ziehen, so daß die Samenflüssigkeit ungehindert fließen konnte.

Kokons vom Großen Wiesenwurm

Der Kokon ist infolge der Nähreiweißmasse, die auf der Innenseite seiner Wandung ausgebreitet ist, zunächst undurchsichtig. Er schimmert hellgelblich opak. Erst wenn der Embryo das Blutgefäß entwickelt hat, kann man erkennen, daß der Kokon belebt ist. Denn bei den Bewegungen des jungen Tieres wird der Wurmkörper gegen die Kokonwand gedrückt, und das rote Blut scheint hindurch. In dem Maße, wie der Embryo die Wandbedeckung abnagt, wird die Kokonhülle durchsichtig.

Die Jungtiere schlüpfen durch das Hinterende des Kokons, also durch den „Halskragen". Etwa 14 Tage vor dem Schlüpfen beginnt das Vorderende Pigment zu bilden und erscheint nun dunkler als die anderen Körperteile.

Bild 31. Großer Wiesenwurm (*Allolobophora terrestris longa*), Kokon
Etwa 7 mm lang und 4 mm breit. Kokonenden unsymmetrisch: Das Vorderende ist zu einem sehr kurzen Stielchen zusammengedreht, das Hinterende zu einem „Halskragen" vorgestülpt. Rechts oben und links unten sieht man schon das dunklere Vorderende, sogar mit der Segmentierung. An den beiden linken Kokons erkennt man die glasartig durchsichtige Kokonhülle. Aus dem Verlauf der roten Blutgefäßschlingen kann man darauf schließen, wie beengt das Würmchen in seinem Kokon inzwischen geworden ist.

Bild 30. Großer Wiesenwurm (*Allolobophora terrestris longa*)
13–16 cm lang, Körper drehrund, kann aber trotzdem einen Spatelschwanz machen. Ist elastisch, temperamentvoll, gelbbraun pigmentiert, vorn dunkler als hinten. Die Würmer dieser Art sind die einzigen, die auch noch als Erwachsene Kottürmchen bauen.
Clitellum (Gürtel) in Ruhe, deshalb zurückgebildet (sieht wie punktiert aus).

Der Kleine Wiesenwurm, Allolobophora caliginosa

Der Kleine Wiesenwurm ist eine weit verbreitete Regenwurmart, die nicht nur in Wiesen und Äckern vorkommt, sondern der man auch in den Städten häufig begegnen kann. Er macht sich bemerkbar durch seine ungeordneten Kothäufchen, die nach feuchten Nächten in großer Menge auf den Promenadenwegen der Parks liegen. Oft kann man ihre Struktur noch erkennen: Sie werden gebildet durch Röllchen, die alle gleich lang sind — das liegt daran, daß sie durch gleichmäßige peristaltische Bewegungen des Darms ausgeschieden werden (wie das in gleicher Weise bei den anderen Regenwurmarten auch geschieht). Die ganz kleinen Jungtiere bauen mit Hilfe der produzierten Kotmassen hohe Türmchen.

Nach einem Regen in der Nacht und anschließender Wärme mit Sonnenschein liegen viele Kleine Wiesenwürmer tot auf den Parkwegen. Sie sehen jetzt aber rötlich aus, weil das Blut der Hautkapillaren durch das Gewebe hindurchschimmert.

Kokons vom Kleinen Wiesenwurm

Auch hier ist wieder der „Halskragen" zu sehen. Das Jungtier benutzt beim Schlüpfen ausschließlich diesen vorgebildeten Ausgang. Denn es konnte keine Kokonhülle gefunden werden, die eine Öffnung an einer anderen Stelle gehabt hätte.

Die Eiweißmasse im Kokon scheint nicht in bestimmter Weise verteilt zu sein. Neben der normalerweise anzutreffenden Ausbreitung rings um die Kokonwand fanden sich auch Kokons, bei denen das Eiweiß an einem Ende zusammengeballt war. Trotzdem entwickelten sich diese Jungtiere.

Der Kokon wird am Ende eines Ganges abgelegt, der danach mit einem Erdpfropfen verschlossen wird, so daß der Kokon in einer separaten Höhle liegt.

Bei den jungen geschlüpften Würmern ist in den ersten beiden Monaten der Kopfteil noch so durchsichtig, daß sich die Wanderung aufgenommener Erdpartikel durch die Speiseröhre in den Magen verfolgen läßt.

Bild 32. Kleiner Wiesenwurm (*Allolobophora caliginosa*)
5–8 cm lang, Körper rundlich, unpigmentiert, mit rosa Vorderende, undeutlichem weißlichem Halsring, äußerste Schwanzspitze hell oder auch gelblich. Außerdem oft – fast immer – durch Leibeshöhlenflüssigkeit, die unter der Hautoberfläche ausgebreitet ist, gelblich-fleckig erscheinend. Gegendweise auch rötlich oder gelblich pigmentiert.

Bild 33. Kleiner Wiesenwurm (*Allolobophora caliginosa*), Kokon
Etwa 4 mm lang und 2,5 mm breit. Kokon unregelmäßig: Eine Längsseite ist flacher als die andere. In der oberen Reihe, Mitte, sieht man die olivgrüne Farbe der jungen Kokonhülle (Kokon scheint aber leer zu sein, mit Überresten des Embryos). Ganz links zwei unbelebte Kokons, die sich nach Tiefrotbraun entwickeln werden, die 4 anderen Kokons mit schwach erkennbarem Leben.

Bild 34. Kleiner Ackerwurm (*Allolobophora chlorotica*) 4–6 cm lang. Körper weich, unpigmentiert und ähnlich wie der Große Ackerwurm bläulich-weiß erscheinend. Bedeckt sich am Licht mit gelblichen Flecken. Auch er hat einen schwachgelben Halsring und eine gelbliche Schwanzspitze. Bei der geringsten Beunruhigung rollt er sich zusammen und gräbt sich blitzschnell ein.

Bild 35. Kleiner Ackerwurm (*Allolobophora chlorotica*), Kokon
Etwa 3 mm lang und 2 mm breit. Verschiedene Stadien der Entwicklung: Die jungen Kokons sind hellgelblich wegen des an der Wand ausgebreiteten Nährdotters. Bei den älteren heben sich – undeutlich – die Umrisse der sich entwickelnden Embryonen ab, und man sieht das rote Blut durch die dünner werdende Nährschicht hindurch schimmern.

Der Kleine Ackerwurm, Allolobophora chlorotica

Gerät er an die Oberfläche, preßt er – genauso wie der Kleine Wiesenwurm und manchmal auch der Große Ackerwurm – Leibeshöhlenflüssigkeit in den Hautmuskelschlauch, vielleicht, um sich vor dem Licht zu schützen.
Sein deutlichstes Unterscheidungsmerkmal gegenüber allen anderen einheimischen Regenwurmarten ist sein Vermögen, sich auf der Stelle einzugraben: Wird er zufällig ausgegraben, so versucht er nicht zu entfliehen, sondern er ringelt sich zusammen, ähnlich, als wolle er in den Knoten übergehen. Er bleibt nicht auf dem Boden liegen, sondern türmt seinen Körper mehr oder minder senkrecht über sich in die Luft. Dann sucht er eine Spalte im Boden unter sich und beginnt sich einzugraben – blitzschnell. Er scheint sich nicht von der Stelle zu rühren, aber plötzlich ist er verschwunden.
Er ist zwar klein, aber offenbar recht kräftig. Denn er zieht festen Boden dem lockeren Gartenbeetboden vor. So findet man ihn unter den Wegen neben den Beeten und unter Promenadenwegen.
Sein Name chlorotica (= grün) bezieht sich auf olivgrüne Würmer dieser Art, die im Rheintal vorkommen.

Kokons vom Kleinen Ackerwurm
Die Längsachse des Kokons – die Verbindungslinie zwischen Vorderspitze und dem äußersten hinteren Punkt – verläuft nicht in der Mitte des Kokons. Sie ist deutlich nach einer Seite verschoben. Dadurch scheint er einen flachen „Rücken" und einen gewölbten „Bauch" zu haben. Wie bei den anderen beiden *Allolobo-*

phora-Arten sind die Kokonenden unregelmäßig als Stielchen und Halskragen ausgebildet.
Auch beim Kleinen Ackerwurm bleibt beim
Halskragen eine verhältnismäßig große Öffnung erhalten, so daß man glaubt, in den Kokon
hineinsehen zu können. Aber man kann keine
Einzelheit erkennen. Der Kokon muß also an
dieser Stelle noch einmal abgegrenzt sein, um
Bakterien, aber auch Enchyträen und Springschwänzen den Zugang zum Nährdotter zu
verwehren.

Der Köcherwurm, Dendrobaena rubida

Der Köcherwurm ist ein zarter kleiner Wurm,
der nicht im Ackerboden vorkommt, sondern
nur in lockerem Substrat. So findet man ihn in
der Waldstreu und in Gartenböden. Und sehr
häufig in den Komposthaufen, wo er die oberen
Schichten bewohnt. In den Laubmieten im
Wald ist er fast immer anzutreffen.
Sein Name rührt von seiner Eigentümlichkeit
her, sich in einen Mantel („Köcher") von Stein-
chen zu hüllen, der ihm als Wohnung dient. Er
kann sich ganz in ihn zurückziehen.

Kokons vom Köcherwurm
Diese Kokons sind unregelmäßig: Sie sind mit
Stielchen und Halskragen ausgestattet. Während das Stielchen recht verkümmert ist, wölbt
sich der Halskragen am hinteren Ende des Kokons deutlich hervor.
Die Kokons waren innerhalb von 3 Monaten
von verschiedenen Wurmpaaren abgelegt worden. Daraus erklären sich die großen Unterschiede in der Entwicklung: Man sieht alle Sta-

dien von den grünlichen jüngsten Kokons über
Zwischenstufen mit mehr oder weniger deutlich sich abzeichnenden Embryonen (das liegt
am Nährdotter) bis hin zu den schlüpfreifen
gelbroten und schließlich zu dem Jungtier, das
gerade seinen Kokon durch den Halskragen
verläßt.

Bild 36. Köcherwurm (*Dendrobaena rubida*)
4–6 cm lang. Körper rundlich, weich, gleichmäßig rötlich
pigmentiert. Schaut aus seinem selbstgebastelten Köcher bis
fast zum Gürtel heraus, hinten weniger weit, und Mitte des
Körpers nur ganz wenig.

Bild 37. Köcherwurm (*Dendrobaena rubida*), Kokon
Etwa 3 mm lang und 2 mm breit. Das Jungtier schlüpft gerade
aus dem Halskragen seines Kokons, in dem eingedrungene
Luftbläschen sichtbar sind. Das Würmchen hat schon mehr-
mals gefressen: Man sieht ein schwarzes Erdbröckchen im
Magen und verschiedene andere in der ganzen Länge des
Darms.

Bild 38. Kompostwurm (*Eisenia foetida*)
5–8 cm lang. Körper weich, von vorn bis hinten rot-gelb quergestreift, meist hellgelbliche Schwanzspitze. Strömt einen unangenehmen Geruch aus, an dem das Tier leicht zu erkennen ist.

Bild 39. Kompostwurm (*Eisenia foetida*), Kokons
Etwa 3 mm lang und 2,5 mm breit. Sehr charakteristisch das stark zerfranste Hinterende. Die sich entwickelnden Mehrlinge sind gut zu erkennen: Rechts oben sind es 2 (beide elliptisch), links unten 3, in dem mittleren Kokon liegen wenigstens 9 Embryonen.
Die Kokons wurden vergrößert, um die Einzelheiten im Innern besser erkennen zu können.

Der Kompostwurm, Eisenia foetida

Im Komposthaufen frißt er unermüdlich, andererseits kann er lange hungern.

Alle Kompostwürmer strömen einen starken, unangenehmen Geruch aus, an dem man sie unschwer erkennen kann. Sie teilen ihn auch ihrer Umgebung mit. Hält man sie z. B. unter Zuchtbedingungen in verschlossenen Gefäßen, so nimmt die Erde in den Behältern diesen Geruch an. Daher müssen es die Ausscheidungen der Nierenorgane sein, die so unangenehm riechen – sie sind ja Abfallprodukte der chemischen Umsetzungsvorgänge im Wurmkörper und werden durch die Nephridien (Nierenorgane) aus der Leibeshöhlenflüssigkeit herausgefiltert. Natürlich riecht diese entsprechend – das heißt bei Tieren in Pferdedung viel weniger als bei solchen in Kohlstrünken.

Die Leibeshöhlenflüssigkeit ist leuchtend hellgelb. Sowie der Wurm sich in Gefahr wähnt, wird sie in großen Tropfen durch die Rückenporen ausgeschieden. Da sie so schlecht riecht, ist sie vielleicht tatsächlich ein Warnsignal für Angreifer.

Kokons vom Kompostwurm

Sind nur 1 oder 2 Embryonen im Kokon, so sind diese im Anfang elliptisch – d. h. die Nährflüssigkeit ist in dieser Weise um sie herum angeordnet. 3 oder mehr Embryonen schwimmen in kleinen Nähreiweißkugeln (weil sie dann bei größter Nährstoffmenge am wenigsten Platz brauchen).

Beim Schlüpfen sind die Jungtiere $\frac{1}{2}$ bis $\frac{3}{4}$ cm lang und so dünn wie ein Seidenfaden. Sie sind ohne jedes Pigment und daher durchsichtig (s. Bild 5). Nach etwa 14 Tagen beginnt die Ausfärbung.

Die jungen Würmer wachsen außerordentlich schnell heran. In den ersten 2 Monaten verdoppeln sie jede Woche ihr Gewicht!

Der Kompostwurm Eisenia foetida – Erzeuger des Wurmkomposts

Lebensweise

Der Wurm hat eine mittlere Größe von 5–8 cm. Er erscheint rotgestreift, da die Segmente in der Mitte rot pigmentiert, die Intersegmentalfurchen aber unpigmentiert, also hell, sind. Die Schwanzspitze ist meist hellgelblich.

Er braucht zum Leben mehr Wärme als die übrigen Regenwurmarten. Während die anderen Würmer schon bei einer Temperatur von 24 Grad in wenigen Tagen sterben, findet er es bei 29 Grad noch immer sehr behaglich. Die einzigen Plätze, die ihm in unserem Klima soviel Wärme bieten können, sind die Dunghaufen auf den Bauernhöfen und die Komposthaufen in den Schrebergärten.

Hier entfaltet er ein reges Leben: Er frißt sehr eifrig, und er vermehrt sich unvergleichlich reichlicher als die anderen Wurmarten. Er verzehrt pro Tag an frischem Abfall soviel, wie sein halbes Körpergewicht ausmacht. Und in seinen Kokons sind fast immer Mehrlinge (3–5), die sich alle zu lebensfähigen Jungtieren entwickeln. Und während die Embryonen der anderen Regenwurmarten 3 Monate bis zum Schlüpftermin brauchen, benötigt ein Kompostwurm-Jungtier nur 3 Wochen.

Die Jungtiere aus einem Kokon sind nicht alle gleich groß. Beim Schlüpfen kommen die größten zuerst heraus. Die letzten sind häufig winzig klein: 2 mm! Aber wenn sie sofort Nahrung finden, werden aus ihnen auch kräftige Jungtiere. Die Entwicklungszeit bis zum erwachsenen Wurm dauert 3 Monate, ebenso lange wie bei den anderen Regenwurmarten. Dann sucht der Wurm sofort die Kopulation und beginnt unverzüglich mit der Kokonbildung.

Im Komposthaufen durchlaufen die frischen Abfallstoffe eine kurze Gärung. Dadurch werden sie für den Kompostwurm genießbar.

Gleichzeitig wird die notwendige Wärme erzeugt. Der Abfall wandert als Nahrung durch den Regenwurmdarm. Die Verdauungssäfte bewirken einen Abbau der hochkomplizierten Stoffe, aus denen die Nahrung zusammengesetzt ist, zu einfacheren, den sogenannten Huminstoffen (s. Humus S. 66). Die mit der Nahrung in den Darm geratenen Erdteilchen sind meist – bis auf reine Sandböden – von tonigen Bestandteilen bedeckt. Mit diesen reagieren die Huminstoffe – noch im Regenwurmdarm – und bilden die Ton-Humus-Komplexe (s. S. 67). Diese werden mit dem Kot ausgeschieden und stellen die Hauptmenge des ,,Dauerhumus'' dar, der praktisch nur aus den Losungskrümeln der Regenwürmer besteht. In dem Maße, wie die Würmer den Abfall konsumieren, wächst die Masse des Dauerhumus an. Ein gut angelegter Komposthaufen sollte nach beendeter Rotte nur noch aus Dauerhumus bestehen.

Um die Bildung dieser Ton-Humus-Komplexe (die man neuerdings ,,organo-mineralische Verbindungen'' nennt) sicherzustellen, ist es wichtig, dem Komposthaufen etwas Erde beizugeben. Dann genügt es, nach Beendigung des Verrottungsprozesses die ,,Komposterde'' (also den Dauerhumus) abzusieben. Man kann sie flach und dünn über den Rasen streuen und über die Beete verteilen (nicht untergraben!).

Von allen Regenwurmarten bildet der Kompostwurm die feinste Komposterde. Auf glattem Erdboden legt der Wurm seinen Kot als winzige, zigarrenförmige Röllchen ab, dicht nebeneinander, so daß der Boden wie fein geriffelt aussieht.

Den Winter erträgt der Kompostwurm dadurch, daß er sich möglichst tief in den Boden unter dem Komposthaufen zurückzieht. Darum soll

der Komposthaufen ja auch unten offen und nicht mit Stein oder Beton zugemauert sein. Es findet nämlich auch während der kalten Jahreszeit eine gewisse Fermentation und damit eine Wärmebildung statt. Und wenn das Frühjahr kommt, brauchen die Tiere die Wärmezufuhr, um wieder ,,lebendig'' zu werden. Aus eigener Kraft können sie das nicht, wie ich beobachtet habe.

Knäuelbildung beim Kompostwurm

Öffnet man einen Komposthaufen, so findet man in den obersten Schichten oft eine schier unentwirrbare Zusammenballung von Würmern, die dort herumzappeln, scheinbar auseinanderstreben, aber trotzdem beieinanderbleiben. Dies ist eine Form des ,,Gemeinschaftslebens'', die so ausgeprägt bei unseren anderen Regenwurmarten nicht auftritt. (Nur deren kleinste Jungtiere sammeln sich manchmal in dieser Weise.)

Ein solches enges Zusammenrücken nennt man einen ,,Knäuel''. Es handelt sich dabei nicht immer um einen guten Futterplatz. Eigene Beobachtungen ergaben, daß ein Wurm allein sich offenbar nicht wohlfühlt. Er strebt den körperlichen Kontakt mit Artgenossen an: Bringt man eine *Eisenia foetida* in Wasser, so beginnt sie sofort, lebhaft umherzuschwimmen. Dabei winkelt sie den Schwanz hakenförmig ab. Sie sucht Partner. Trifft sie nämlich auf ihresgleichen, so ,,hängen sie sich beieinander ein'', und zwar sofort. 20 und mehr Würmer können hierbei beteiligt sein.

Sie bleiben dabei aber in steter Bewegung. Da jeder Wurm nach einer anderen Richtung zieht,

Bild 40. Knäuelbildung beim Kompostwurm (*Eisenia foetida*)
An diesem Knäuel waren 9 Würmer beteiligt.

kommt der Knäuel natürlich nicht von der Stelle. Das Zentrum bildet eine recht kompakte Masse, in der die Würmer fest miteinander verschlungen sind. Nimmt man solch ein „Gebilde" in die Hand, dauert es daher ein Weilchen, bis sich die Tiere voneinander gelöst haben.

Wurmkompost

Aller Anfang ist schwer – Tips für Anfänger im „Wurmhaufenbau"

Der Platz für den Kompost
Gleich der allererste Schritt ist sehr wichtig: die Festlegung einer Stelle, auf der der Komposthaufen errichtet werden soll. Nicht jeder beliebige Platz eignet sich dazu. Der Erdboden muß wasserdurchlässig sein, damit überschüssiges Wasser abfließen kann, Regenwürmer und andere hier wichtige Tiere – z. B. Springschwänze – aus dem Erdreich in den Haufen hineinwan-

dern und ebenso im Winter sich wieder in das Erdreich zurückziehen können. Auf keinen Fall darf also eine Grube ausgehoben werden, die vielleicht noch mit Steinen oder gar mit Beton ausgekleidet wird.

Die zur Verfügung stehende Fläche muß für 2 Komposthaufen reichen. Man rechnet für einen Haufen mit einer Breite von höchstens 2 m. Da zwischen beiden ja ein fußbreiter Pfad frei bleiben muß, benötigt man maximal 4,5 m in der Breite. Wenn der Abfall nicht so reichlich anfällt, kommt man auch mit weniger aus, aber 1 m breit sollte jeder Komposthaufen schon sein (in diesem Fall: Achtung! Austrocknungsgefahr!). Das wären dann im ganzen 2,5 m in der Breite.

Die benötigte Länge richtet sich nach der Menge des anfallenden Abfalls, der in Schichten von 20 cm Höhe übereinandergestapelt wird.

Der Kompost braucht ein Schattenplätzchen, das ihn vor Austrocknung im Sommer und eisigen Winden im Winter schützt. Auf einem solchen Platz kann man ihn nun einfach errichten, wodurch die seitliche Durchlüftung gewährleistet wird, oder man faßt ihn ein. Dafür wird im Handel eine große Zahl von verschieden konstruierten Hohlkörpern angeboten aus Holz, Metall, Plastik (mit den notwendigen Löchern für den Luftdurchzug versehen) und in verschiedenen Formen: rund, quadratisch, rechteckig. Die meisten erfüllen ihren Zweck.

Man kann auch einen Mittelweg beschreiten und den Platz als solchen einfassen, z. B. indem man in der geplanten Länge und Breite einen „Palisadenzaun" errichtet aus runden, entrindeten Pfosten, die senkrecht nebeneinander in die Erde geschlagen werden (mit einer offenen Ecke für die Arbeit mit der Schaufel). Dadurch wird der Komposthaufen dem Blick entzogen.

Was sind Abfälle?

Abfälle, die auf den Komposthaufen kommen dürfen, sind:

1. Küchenabfälle: Kartoffel- und Obstschalen (aber nicht die Kerne von Kirschen und Pflaumen beim Einkochen, weil es zu viele sind und weil sie sehr schwer verrotten), Gemüsereste, Zwiebelschalen, Schnittlauchreste, Eierschalen, Kaffee- und Teesatz mitsamt dem Filterpapier, Papiertücher, Zeitungspapier (gut angefeuchtet).

2. Gartenabfälle: Grasschnitt, Laub, Unkraut, Gemüsestrünke, Schnittreste von Blumen und anderen Zierpflanzen, auch die verbrauchte Erde aus Kästen und Kübeln.

3. Mist: Kaninchen- und Hühnerdung, Streu von Katzen und Hamstern.

4. Baum- und Heckenschnitt: gut zerkleinert, kann man ihn zur besseren Durchlüftung des Komposthaufens benutzen. Da kalireich, ist er außerdem sehr wertvoll.

5. *Nicht* auf den Kompost gehören: alle Stoffe, die nicht verrotten. Das sind vor allem Glas, Metalle jeglicher Art (auch Flaschenverschlüsse), sämtliche Kunststoffe (Plastikreste), ebenso die mit einer Wachsschicht überzogenen Milchpackungen. Dann Öl- und Farbreste, Bauschutt, Mörtel, Alufolie, Draht und Steine. Ein Kompost wird um so wertvoller, je vielfältiger die Mischung der Abfälle ist. Also sollte man so gut wie alles, was an Verrottbarem in Garten und Haushalt anfällt, auf den Kompost tragen. Nur eine Grundregel muß man dabei beachten: Niemals größere Mengen von einem einzigen Material auf einmal auf den Haufen legen, z. B.

den gesamten Rasenschnitt oder alles Laub. Beide fallen nach kurzer Zeit zusammen und verhindern, daß die Luft durchstreichen kann. Das würde die luftliebenden Mikroben abtöten, dadurch entstünde Fäulnis und Gestank.

So ist es empfehlenswert, immer etwas sperriges Material bei der Hand zu haben (vielleicht beim letzten Baum- oder Heckenschnitt gleich 10 cm lang geschnitten und in Säcken aufbewahrt), das lose über den Haufen ausgebreitet werden kann. Dann mit weichen Pflanzenteilchen gut bedecken. Und das wiederholen.

Man kann auch die stabilen Stengel von Sonnenblumen oder Dahlien dazu benutzen. Wenn man sie vorher zerstampft oder aufspaltet, können die Mikroorganismen sie leichter angreifen.

Aufbau des Komposthaufens

Es gibt einige wenige Grundregeln, die man beim Aufbau eines Komposthaufens immer im Auge behalten sollte: Die Organismen, die in ihm „arbeiten", wollen es luftig (wegen des Sauerstoffs), feucht (um nicht auszutrocknen) und warm (um beweglich zu bleiben). Deshalb darf das Material, die Abfälle, nicht zusammengedrückt werden. Und man muß es gelegentlich mit Wasser übersprühen. Im Winter deckt man es mit Stroh ab, jedoch schützt man den Haufen bei tagelangem Regen gegen zuviel Nässe mit einer Folie. Und der Abfall muß gut gemischt werden, wenn er aufgebracht wird.

Besonders wichtig ist der erste Punkt, die Versorgung mit Sauerstoff. Denn wenn die Durchlüftung des Komposthaufens nicht mehr funktioniert, sterben die luftabhängigen (aeroben) Organismen ab, und es machen sich die luftscheuen (anaeroben) Mikroben breit. Auch sie zersetzen die Abfallstoffe, aber die Endprodukte sind nicht duftende Komposterde, sondern Fäulnisgase mit üblem Geruch. (Sollten sich solche an einem Komposthaufen bemerkbar machen, muß er sofort umgesetzt und völlig neu aufgebaut werden. Es empfiehlt sich dabei die strikte Einhaltung der genannten Grundregeln. Wie das zu realisieren ist, wird im folgenden gezeigt.)

Um den Komposthaufen aufzubauen, fängt

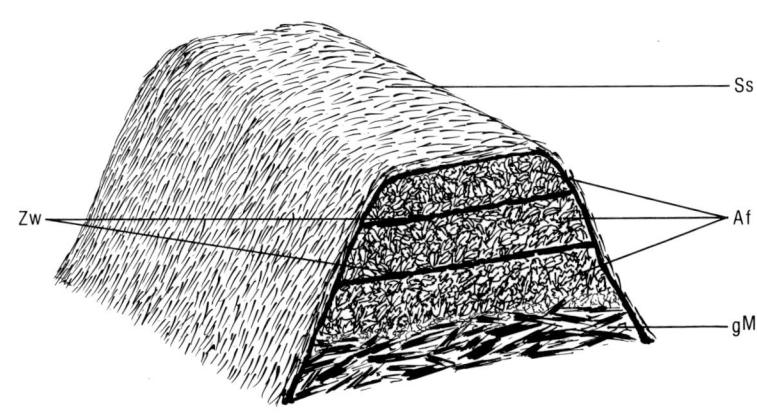

Bild 41. Aufriß eines Komposthaufens (nach KREUTER)
gM grobes Material
Af Abfall
Ss Schutzschicht
Zw Zwischendecke

59

man mit einer Drainage-Schicht an, die überschlüssiges Wasser aus dem Haufen ableiten und für die Luftzirkulation sorgen wird. Für sie wird grobes Material benutzt, das man in der geplanten Länge und Breite in einer Höhe von 20 cm aufschichtet. Da kann man schon den zerkleinerten Baum- und Heckenschnitt verwenden, Äste und Stengel von Stauden und Blumen. Darauf wirft man in der nächsten Zeit die Abfälle, bunt durcheinander, wie es sich ergibt. Bei Trockenheit das Material etwas besprengen.

Ist die Schicht etwa 20 cm hoch, wird sie mit einer Zwischendecke aus Garten- oder Komposterde bedeckt. Sie ist äußerst wichtig, weil sie die Mikroorganismen enthält, die der Kompost braucht, um zu „verrotten" (chemischer Abbau von Abfällen bei Luftzutritt). Die Bodentiere verbreiten sich aus der Gartenerde in den Kompost, den sie bald über und über bevölkern. Zu ihrer Unterstützung und „Eingewöhnung" wird über die Erddecke etwas stickstoffhaltiger Dünger gestreut, z. B. Knochen- oder Hornmehl, ganz dünn, so, als ob ein Landmann Körner aussät. Über das Ganze kommt eine ebenso dünne Schicht von kohlensaurem Kalk (kein Ätzkalk!), um einem eventuellen Überschuß an Säure vorzubeugen.

Nun kann man wieder von vorn beginnen: eine Abfallschicht von 20 cm Höhe, dann alten Kompost oder Gartenerde, dann Dünger, dann Kalk. Und dazwischen immer ein bißchen besprengen. Das gilt auch für die aufgebrachten Abfälle. Der Kompost darf nicht austrocknen. Die Regenwürmer, die sich inzwischen angesiedelt haben — sie stammen aus der näheren, manchmal sogar ziemlich weit entfernten Nachbarschaft — werden die gute Pflege des Komposthaufens mit reichlicher Kokonbildung danken.

Es empfiehlt sich, den Komposthaufen nach oben nicht genau rechteckig aufzuschichten, sondern ihn zu verjüngen, so daß die Flächen mit Abfall immer kleiner werden. Man erhält auf diese Weise eine Pyramide, die man jedoch nicht bis zur Spitze durchzieht. Man hört bei der 4. oder 5. Fläche auf (um ein seitliches Abgleiten der obersten Abfälle zu vermeiden). Man kann mit dem Stapeln in jeder beliebigen Höhe aufhören, doch sollten 1,50 m nicht überschritten werden.

Jetzt gibt es 2 Möglichkeiten für die Behandlung des Komposthaufens: entweder man deckt ihn gleich zu, oder man setzt ihn vorher noch um. Das erstere ist vertretbar bei kleinen, gut aufgesetzten Haufen, das zweite empfiehlt sich für Haufen von mehr als $^3/_4$ m Höhe.

Umsetzen: Nachdem man auf dem leeren Platz nebenan eine Drainage-Schicht aus grobem Material ausgelegt hat, schaufelt man den ganzen Haufen — oben beginnend — darauf, so daß die am wenigsten zersetzten Substanzen nach unten kommen, möglichst wieder in Form eines Pyramidenstumpfes.

Nun kommt noch eine Schutzschicht über den Haufen, gleich, ob er klein oder groß, hoch oder niedrig ist: Hierfür wird als erstes eine Erdschicht über den Haufen gestreut (wenn man hat), dann eine dickere Schicht von Materialien, die die Wärme im Kompost halten, aber den Luftzutritt nicht hindern. Man kann den letzten Grasschnitt dafür verwenden oder Laub, auch Stroh.

Dann wird der Komposthaufen sich selbst überlassen, er „verrottet". Man sollte ihn nicht stören, damit das im Innern nun sich bildende

„Klima" erhalten bleibt. Nur wenn das Wetter sehr trocken ist, kann man den Haufen etwas besprengen. Wenn er in der ersten Zeit dampft, so ist das ein sehr gutes Zeichen. Es zeigt nämlich an, daß die Mikroorganismen sich stark vermehren. Durch die hierbei ablaufenden Stoffwechselvorgänge entsteht sehr viel Wärme.

Der Rotteprozeß dauert im Sommerhalbjahr 4−6 Monate und im Winterhalbjahr 6−9 Monate. Länger als ein Jahr sollte Kompost nicht lagern, da sonst die organischen Substanzen zu weit abgebaut und wieder „anorganisch" werden. Während dieser Zeit wird der Platz neben dem jetzt ruhenden Haufen mit neuem Abfall beschickt. Nicht, ohne vorher eine Drainage-Schicht aus grobem Material untergelegt zu haben!

Ist der Reifeprozeß beendet, wird man die Komposterde absieben. Noch nicht verrottetes Material wird gleich wieder verwendet: als Drainageschicht für den neu aufzusetzenden Komposthaufen.

Das Gedeihen des Komposthaufens hängt von dem Zusamenwirken der oben genannten Faktoren luftig, feucht, warm in Zusammenklang mit Nahrung und genügender Bewegungsmöglichkeit ab.

Außerdem kommen noch der pH-Wert und das C:N-Verhältnis (wird in den nächsten Kapiteln besprochen) hinzu. Alle zusammen bilden das Kleinklima im Wurmhaufen, das auf jede Veränderung empfindlich reagiert – und zwar meistens nach der negativen Seite.

Das Beste ist, mit wenig Würmern und entsprechend wenig Futter anzufangen. 1 Wurm wiegt im Durchschnitt 0,5 g und verzehrt täglich 0,25 g Abfall. Das Futter darf nicht schimmeln,

sonst muß man es sofort entfernen und 2 Tage warten, ehe neues gegeben wird. Die Würmer können ohne weiteres einige Tage ohne Nahrung auskommen. Sie werden sich in dieser Zeit an den Mikroben, die die beigegebene Gartenerde bevölkern, schadlos halten. Dann haben sie sich eingewöhnt, und die gereichten Abfälle schmecken ihnen.

Letzten Endes muß jeder „Wurmhaufenbauer" selbst herausfinden, was unter seinen speziellen Verhältnissen – auch Sonneneinstrahlung und Art des Abfalls sind wichtig – richtig für das Gedeihen „seiner" Würmer ist. Man muß sich nach dem Wurm richten!

Besondere Formen der Kompostierung

Hügelbeet

In einem größeren Garten mit Obstbäumen, Gemüse- und Zierpflanzenanbau werden im Herbst immer umfangreiche Arbeiten nötig. Die Bäume müssen beschnitten werden, die Staudenabfälle gesammelt, das Laub zusammengetragen. Wohin mit diesem zum Teil sehr sperrigen Abfall? Eine sehr bequeme Art der Beseitigung ist die Anlage eines Hügelbeetes.

Es wird möglichst in Nord-Südrichtung geplant, um eine gleichmäßige Besonnung zu erreichen. Man rechnet mit 1,50 m für die Breite, höchstens 1 m für die Höhe. Die Länge richtet sich nach der Menge des anfallenden Abfalls.

Als erstes wird eine flache Grube ausgehoben, etwa 20 cm tief. Dieser Mutterboden wird sorgfältig beiseite gelegt, weil man ihn später noch verwenden will. Das grobe Holz und die sperrigen Äste, die armdick sein dürfen, werden auf

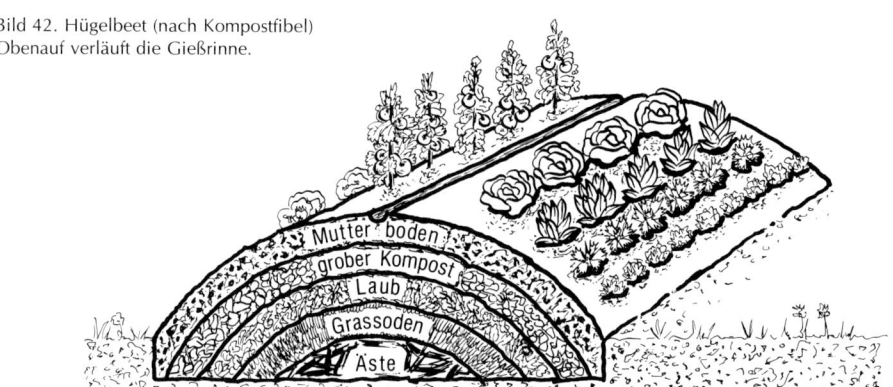

Bild 42. Hügelbeet (nach Kompostfibel)
Obenauf verläuft die Gießrinne.

dem Boden der Mulde ausgebreitet und nach der Mitte zu rundlich erhöht, so daß ein kleiner Hügel entsteht, der bei allen weiteren Abfallgaben als Form erhalten bleiben muß. Das grobe Holz wird von kleinerem und feinerem – z. B. holzigen Staudenabfällen – zugedeckt.

Nun kommt etwas Erde in Form von Grassoden darauf, die man umgekehrt auflegt (Gras ist stickstoffhaltig!). Oder man bringt eine Schicht Nur-Erde auf, die ausreicht, um mit dem Spaten dem Hügel seine Form zu geben. Und alles gut anfeuchten.

Die nächste Schicht besteht aus Laub, das man gut feucht gemacht und mit Erde vermischt hat. Zur Ermunterung der Mikroben kann man auch noch etwas stickstoffhaltigen Dünger dazugeben.

Über das Laub wird eine Lage von großstückigem Kompost aus Küche und Garten, möglichst schon halb verrottet, gebreitet und festgetreten. So behält der Hügel seine Form.

Als letztes kommt die zuvor beiseitegelegte Muttererde etwa 15 cm dick auf das Beet.

Um für ausreichende Feuchtigkeit im Innern des Hügels in der kommenden Vegetationsperiode vorzusorgen, wird eine Gießrinne der Länge nach auf der Kuppe des Hügels angebracht. Den Winter über wird das Beet mit einer Stroh- oder Grasschnitt-Decke vor der Kälte geschützt.

Wir haben es wieder – wie bei dem Komposthaufen – mit der Notwendigkeit zu tun, den Mikroben die besten Lebensbedingungen zu schaffen: Der lockere Aufbau des sperrigen Holzes sorgt für gute Durchlüftung, das angefeuchtete Material beschafft die benötigte Feuchtigkeit, die Verrottungswärme erzeugt das Klima, das die Mikroben brauchen, um beweglich zu bleiben.

Im Frühjahr kann man dann das Beet bepflanzen. Ganz oben lassen sich vorteilhaft die Pflanzen einsetzen, die am größten werden. Darunter kommen die niedrigerbleibenden, dann schließlich die ganz kleinen. So nimmt keine Art der anderen das Sonnenlicht fort.

In einem solchen Beet sind die eingebrachten Nährmaterialien nach einem Jahr noch nicht vollständig umgesetzt. Man kann also noch

62

mindestens 2 Jahre Gemüse darauf ziehen, wenn das Beet auch schon etwas eingesunken ist.

Danach ist der Verrottungsvorgang beendet. Es hinterbleibt eine dicke Schicht Humus, den man im Garten und auf den Beeten verteilen kann.

Berliner Wurmkiste

Für ganz kleine Haushalte von 1–2 Personen, die den Küchenabfall verwerten möchten, gibt es eine Möglichkeit, diesen Wunsch zu verwirklichen: die Berliner Wurmkiste. Voraussetzung sind ein Balkon und ein Keller (der dunkel sein darf). Man braucht eine Holzkiste von den Ausmaßen 40 × 40 cm Länge × Breite und 20 cm Höhe. Da das Material in der Kiste hin und wieder befeuchtet werden muß, empfiehlt es sich, in die Bodenplatte einige Abflußlöcher (6 mm Ø) zu bohren.

Dann wird in die Kiste eine fingerdicke Schicht Erde gefüllt. Darauf kommt die „Grundnahrung" der Würmer, das sind Zeitungspapier, Pappe, auch Wellpappe. Diese Materialien werden über Nacht in Wasser gelegt, so daß sie sich damit vollsaugen können, dann sehr gut ausgedrückt, zerzupft und in die Kiste ganz locker eingelegt, mindestens 15 cm hoch.

Nun setzt man die Würmer (*Eisenia foetida*) hinzu. Etwa 500 Stück. Als „Zubrot" werden die Tiere mit den Küchenabfällen gefüttert, die zwischen den Papierschichten verteilt werden. Zuerst nur etwa 100 g je Tag. Wenn die Würmer sich eingewöhnt haben, werden sie mehr fressen. Man sollte nachschauen, wie schnell die Abfälle verschwinden.

Oben auf dieses Wurmfutter kann man eine gut durchfeuchtete Zeitung legen, um einem Austrocknen des Kisteninhaltes vorzubeugen. Sie muß immer gut feucht gehalten werden (bis das Gießwasser unten wieder erscheint).

Auf dem Balkon braucht die Kiste ein schattiges Plätzchen, das aber zugfrei sein muß. Vielleicht sollte sie auf kleinen Füßchen stehen – wegen des ablaufenden Wassers. Über die Kiste legt man gegen mögliche Fliegen eine Gaze, die mit Gummiband befestigt wird.

Wenn die Würmer vertrauter mit ihrer neuen Umgebung geworden sind, kann man das Futter obenauf legen. Es entsteht dann eine Futterhaube, unter der die Schicht mit den Losungskrümeln langsam immer mehr anwächst, bis sie die ganze Kiste ausfüllt. Nun zieht man die Futterschicht, in der die meisten Würmer zu finden sind, auf die eine Seite der Kiste zusammen, erntet die Komposterde und legt die Futterschicht in die Kiste zurück, um mit ihr weiter zu kompostieren: entweder nur Abfälle als Futter oder – wenn das nicht reicht – wieder mit Zeitungspapier.

Im Herbst trägt man die Kiste in den Keller.

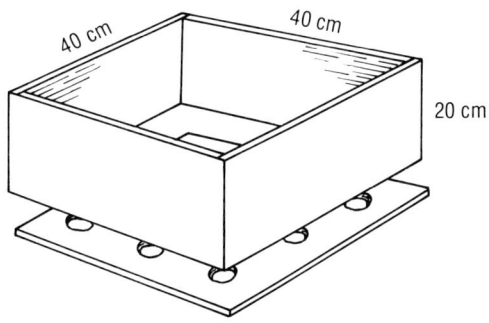

Bild 43. Berliner Wurmkiste (nach Kompostfibel)
Das denkbar kleinste Format eines Komposthaufens. Dadurch wird es möglich, die Kiste vom Balkon in den Keller und umgekehrt zu tragen.

Sollte dieser warm sein — um so besser. Die Würmer gehen dann nicht in die Winterruhe über, sondern bleiben aktiv. Das heißt, daß man sie weiter füttern und feucht halten muß. Sie produzieren dann die Komposterde, die im Frühjahr für die Bepflanzung der Balkonkästen benötigt wird. Ist der Keller kühl — aber natürlich frostfrei — muß man den Kisteninhalt hin und wieder befeuchten.

Wissenswertes für Fortgeschrittene

Der pH-Wert

Er ist entscheidend für das Erkennen der Bodenqualität. Er sagt aus, ob ein Boden sauer, neutral oder alkalisch ist. Und das wiederum hängt ab von der Beschaffenheit der oberen Schichten des Erdbodens. Sand oder Kalk haben ganz verschiedene pH-Werte (sauer bzw. alkalisch). Und da die Pflanzen auch verschiedene Ansprüche an die Bodenqualität stellen, werden sie jeweils in dem Boden am besten gedeihen, der den ihnen am meisten zusagenden pH-Wert besitzt.

Man hat eine internationale Skala aufgestellt, die von 0—14 reicht. Reines neutrales Wasser hat danach den pH-Wert 7,0. Setzt man ihm lösliche Stoffe zu, so wird die Lösung jetzt auf Indikatorpapier entweder eine Säure anzeigen oder eine Lauge. (Natürlich gibt es auch Stoffe, die ihrerseits auch neutral sind. Dann bleibt die Lösung neutral.) Von 7 bis 0 fallend werden die Lösungen als immer stärker sauer eingeordnet, von 7 bis 14 steigend als immer stärker alkalisch: pH = 3 ist stärker sauer als pH = 5. pH = 9 ist stärker alkalisch als pH = 8. Man kann nur Lösungen messen.

Die meisten Nutzpflanzen fühlen sich wohl bei einem Boden-pH-Wert von 6—7. Die Moor- und Heidepflanzen vertragen eine größere „Acidität" (Säuregehalt). Deshalb gibt man Rhododendronbüschen sauren Boden an ihrem Standort im Garten. Sehr hohen pH-Wert und damit stark alkalische Reaktion des Bodens ertragen die wenigsten Pflanzen.

Kalk neutralisiert Säuren. Dabei steigt der pH-Wert gegen den Neutralpunkt pH = 7. Torf dagegen reagiert sauer. Bei zuviel Torf im Boden sinkt der pH-Wert.

Noch aus anderen Gründen empfiehlt es sich, Torf für die Kompostierung nicht zu verwenden. Einmal hält er das Wasser fest, so daß es bei eventueller Trockenheit den Kleinlebewesen nicht mehr zur Verfügung steht. Außerdem sollte bedacht werden, daß durch den Torfabbau immer mehr Feuchtgebiete austrocknen, und dadurch immer mehr Pflanzen und Tiere, die auf diese besonderen Bodenverhältnisse spezialisiert sind, ausgerottet werden. Niemand sage: „Ach, das bißchen Torf, das ich brauche!" Auf alle deutschen Kleingärten umgerechnet, werden Hunderttausende von Zentnern Torf abgebaut — und das in jedem Jahr. Torf, der nicht wieder nachwächst.

Als Ersatz für Torf bietet sich Rindenhumus an. Er besteht aus Nadelholzrinde, die in der holzverarbeitenden Industrie abfällt. Seine Kompostierung besorgen Industrie-Erden-Werke, die ihn dann am Markt anbieten. Das käufliche Produkt hat das Aussehen von Nadelwaldstreu, ist also locker und luftdurchlässig. Rindenhumus ist reich an Stickstoff, Phosphor und Kalium und hat — was sehr wesentlich ist — einen pH-Wert von 6,5 bis 7.

Den Säuregehalt des Bodens im eigenen Garten

kann man leicht feststellen (natürlich nur angenäherte Werte) durch einen „pH-Tester", der im Handel erhältlich ist. Er besteht aus einem sehr dicken Metalldraht, der am oberen Ende ein Kästchen, den pH-Wert-Anzeiger, trägt. Man steckt die kleine Stange einfach in den Boden und kann oben den pH-Wert ablesen. Der kleine Apparat arbeitet ohne Batterie. Eine ausführliche Gebrauchsanleitung findet sich auf der Rückseite der Verpackung.

Das Verhältnis C:N
(Kohlenstoff zu Stickstoff)

Für den Ablauf der Zersetzungsvorgänge im Komposthaufen ist das Mengenverhältnis zweier Elemente zueinander von großer Bedeutung, nämlich von Kohlenstoff (C) und Stickstoff (N). Kohlenstoff ist der Grundbaustein der organischen Substanz, Stickstoff ein lebenswichtiges Element für den Aufbau von pflanzlichem und tierischem Eiweiß.

Das C:N-Verhältnis schwankt in den verschiedenen Materialien in weiten Spannen. So hat Harn ein C:N-Verhältnis praktisch von 1:1, Sägemehl dagegen von etwa 500:1. Rasenschnitt hat ein sehr gutes C:N-Verhältnis mit 12:1. Das liegt daran, daß alle Gräser aus dem Boden bevorzugt Stickstoff aufnehmen, d. h., wenn viel gedüngt wird, ist auch der Gehalt an Stickstoff im Gras hoch.

Tierischer Dünger liegt bei einem C:N-Verhältnis von 15:1. Man kann sagen, daß Materialien mit einem C:N-Verhältnis bis etwa 20:1 als stickstoffreich gelten können, bis 25:1 als mäßig gut, darüber hinaus bereits als stickstoffarm. Je enger das C:N-Verhältnis organischer Stoffe ist, das heißt, je stickstoffreicher sie sind, um so schneller werden sie abgebaut und um so grö-

ßer ist die Menge Stickstoff, die dabei freigesetzt wird. In der Natur finden sich die niedrigsten C:N-Verhältnisse von etwa 10:1 in Böden mit einem sehr guten Mikroben-Besatz und damit bei schwach alkalischer Reaktion und guter Durchlüftung, z. B. in Mullböden. Mit abnehmenden pH-Werten, abnehmender Durchlüftung und Bildung von Staunässe steigt das C:N-Verhältnis und erreicht in Niedermooren mit 15:1 bis 30:1 und in Hochmooren mit 50:1 bis 60:1 die höchsten Werte unter den verschiedenen Böden.

Kalkstickstoff

Viele loben ihn, viele lehnen ihn ab. Er sei ein gutes und noch dazu preiswertes Düngemittel, sagen die einen. Er zerstöre im Komposthaufen das gesamte Mikroben- und Kleintierleben, sagen die andern. Nun, wie so häufig, haben beide Parteien recht und auch wieder nicht. Es kommt darauf an, wozu man den Kalkstickstoff benutzen will. Soll er „ganze Arbeit" leisten und alle organische Substanz vernichten, braucht man diese nur mit ihm zu überschütten. Will man aber nur eine „Auswahl" von Abfall treffen, dann darf man ihn nicht am Komposthaufen verwenden. Im ersteren Fall kann es sich um Quecken handeln, die man mit ihren Wurzeln ausgerissen hat und nun gern vollends vernichten möchte. Dann sammelt man diese Pflanzenreste getrennt vom Kompost auf einem Extrahaufen, über den man schichtweise Kalkstickstoff streut. Würde man die Quecken mit auf den Kompost werfen und dann Kalkstickstoff zugeben, so würde der Kalkstickstoff natürlich nicht vor den Mikroben, den Enchyträen und den Regenwürmern, die den Kompost beleben, halt machen und diese auch vernichten.

Seine Anwendung im Garten als Düngemittel ist etwas problematisch, weil er bei Berührung mit Feuchtigkeit oder gar Wasser zerfällt in Ätzkalk und einen Stoff, der Zyanamid heißt. Der erstere wirkt äußerst ätzend auf Hände und Schleimhäute. Außerdem verschiebt er den pH-Wert des Bodens deutlich nach oben, so daß er in den alkalischen Bereich gelangt, was den Pflanzenwurzeln sehr mißfällt. Bei öfterer und reichlicher Anwendung von Kalkstickstoff als Streudünger im Garten können die Pflanzen geschädigt werden. Das Zyanamid ist ein schweres Gift, das die Stoffwechselvorgänge verändert und dadurch die Kleinlebewelt im Boden und auch die Pflanzen abtötet.

Glücklicherweise sind diese beiden Stoffe wenig beständig. Ätzkalk reagiert mit der Kohlensäure im Boden und in der Luft und bildet kohlensauren Kalk, der neutral ist. Das Zyanamid reagiert mit dem überall vorhandenen Wasser und bildet Harnstoff, der auch neutral ist. Dadurch erlischt nach etwa 14 Tagen die Giftwirkung des Kalkstickstoffs.

Dieser Harnstoff zersetzt sich weiter und bildet mit Hilfe von Nitrit- und Nitrat-Bakterien wasserlösliche Stickstoffverbindungen, die von den Pflanzen direkt aufgenommen werden können. Deshalb sollte man im Garten statt Kalkstickstoff lieber Harnstoff als Düngemittel in wässriger Lösung verwenden. Allerdings müßte man den kohlensauren Kalk dann extra streuen.

Humus

Humus entsteht aus der „organischen Substanz" des Bodens, die alle pflanzlichen und tierischen Überreste mitsamt ihren Zersetzungsprodukten umfaßt. Diese „Abfälle" werden durch die verschiedenen Bodentiere verschieden weit abgebaut. Manche Ausgangsstoffe werden bis zu anorganischen Verbindungen „mineralisiert", die z. T. löslich sind und den Pflanzen sofort wieder als Nährstoffe zur Verfügung stehen – wie Nitrate und Phosphate. In einem fortgeschrittenen Stadium des mikrobiellen Abbaus werden andere Bodentiere aktiv, die mit Hilfe ihrer Verdauungssäfte die hochkomplizierten Verbindungen nur bis zu einfacheren, den sogenannten Huminstoffen, zerlegen.

Zu diesen Bodenbewohnern gehören die Regenwürmer und ihre kleinen Verwandten, die Enchytraeen (winzige, weiße Würmer, 3 cm lang, die manchmal in großer Menge in Blumentöpfen vorkommen – nie ein gutes Zeichen, weil sie noch nicht verrottete Substanzen anzeigen).

Die Huminstoffe sind der wichtigste Bestandteil des Humus. Sie werden im Darm der Würmer gründlich mit den anorganischen Erdteilchen, die mit der Nahrung aufgenommen wurden, vermischt, und zwar so eng, daß zwischen ihnen Verbindungen entstehen.

Die meiste Erde, abgesehen von reinen Sandböden, hat einen gewissen Teil toniger Bestandteile. Sie reagieren mit den Huminstoffen und bilden Ton-Humus-Komplexe, die man neuerdings „organo-mineralische Verbindungen" nennt.

Diese bilden im Boden den Dauerhumus. Auch das Material eines Komposthaufens nach Beendigung des Rotteprozesses besteht aus eben diesem Dauerhumus, den die Regenwürmer in ihrem Darm hergestellt haben. So entsteht aus Abfall wieder blühendes Leben.

Humusarten

Nach dem Grad des Abbaus der organischen Substanz unterscheidet man 3 Arten von Humus: den Rohhumus, den Moder und den Mull.

Rohhumus: Er entsteht meist auf nährstoffarmen Substraten, z. B. den Mooren, auf denen sich eine ebenfalls nährstoffarme Vegetation gebildet hat. Hier herrscht nur wenig biologische Aktivität im Boden. Dadurch werden die Vegetationsüberreste nur unvollkommen abgebaut und häufen sich an. Die notwendige Vermischung mit den Mineralien tieferer Bodenschichten findet nur sehr ungenügend oder gar nicht statt. Rohhumus ist sehr sauer. Sein C:N-Verhältnis ist größer als 27:1, es besteht also ein großer Stickstoffmangel.

Moder: Moder bildet sich unter krautarmen Laubwäldern, deren Substrat aber wesentlich nährstoffreicher ist als die Substrate, auf denen Rohhumus entsteht. Dies zeigt sich daran, daß der Moder von vielen kleinen Arthropoden (Gliederfüßern), z. B. Springschwänzen (Collembolen), bewohnt wird, die die Pflanzenreste zerkleinern und ihren Kot hinterlassen. So hat die biologische „Abfallbeseitigung" schon ein beträchtliches Ausmaß erreicht. Aber es gibt hier keine Regenwürmer. Deshalb ist die Vermischung mit dem Mineralbodenanteil noch immer unvollständig. Moder hat einen charakteristischen Geruch (Kellergeruch). Moder ist sauer. Sein C:N-Verhältnis ist etwa 20:1.

Mull ist die Humusform guter Böden und ist durch einen intensiven frischen Geruch (Erdgeruch) ausgezeichnet. Die Voraussetzungen für das Entstehen von Mull sind – neben genügender Durchlüftung und Feuchtigkeit – Pflanzen, die nährstoffreiche, leicht umsetzbare Überreste bilden, wie sie z. B. in krautreichen Laubwäldern, in Wiesen- und Ackerböden vorherrschen.

Im Mull sind die Pflanzen- und Tierreste vollständig umgesetzt. Es gibt keine groben Teile mehr. Mull besteht fast nur aus Dauerhumus, dessen Hauptbestandteil die Kotkrümel der erdfressenden Bodentiere, besonders der Regenwürmer, ausmachen. Er ist gekennzeichnet durch einen pH-Wert um den Neutralpunkt, also ±7. Er besitzt großen Nährstoffreichtum. Sein C:N-Verhältnis ist kleiner als 18:1.

Ton-Humus-Komplexe

Ton ist, chemisch gesehen, eine Verbindung von Aluminium und Silicium, ein Aluminiumsilikat.

Er ist im Boden weit verbreitet. Für den Gärtner interessante Tonminerale, die fast nur aus Aluminium und Silicium bestehen, sind der Montmorillonit und der Bentonit, die, sehr fein gemahlen, als „Gesteinsmehl" dem Kompost anstatt lehmiger Gartenerde zugesetzt werden können. Lehm ist auch ein Ton, nur reichlich gemengt mit sandigen und anderen Stoffen.

Die meisten Tonminerale können mit organischen Stoffen reagieren. Auch die Huminstoffe gehen in nicht zu tonarmen Mineralböden Verbindungen mit ihnen ein und bilden so die „Ton-Humus-Komplexe".

Sie sind das Ziel aller gärtnerischen Bemühungen.

(Nach SCHEFFER-SCHACHTSCHABEL)

Weiterführende Bücher

1. EDWARDS, C. A. und LOFTY, J. R.: Biology of Earthworms. London, Chapman and Hall, Second Edition 1977
2. GÖBEL, P.: Alles über Gartenböden. Kosmos-Verlag, Stuttgart 1984
3. GRAFF, O.: Unsere Regenwürmer. Verlag M. u. H. Schaper, Hannover 1983
4. v. HEYNITZ, K.: Kompost im Garten. Verlag E. Ulmer, Stuttgart 1983
5. KAESTNER, A.: Lehrbuch der speziellen Zoologie. Teil I: Wirbellose, 1. Halbband. Verlag G. Fischer, Stuttgart
6. Kompostfibel, Umweltbundesamt, Bismarckplatz 1, 1000 Berlin 33 (kostenlos, Rückporto beilegen)
7. KREUTER, M.-L.: Der Bio-Garten, BLV-Verlagsgesellschaft, München 1984. 6. Auflage
8. SCHEFFER-SCHACHTSCHABEL, Lehrbuch der Bodenkunde. Verlag Encke, Stuttgart 1970

Zuordnung der Bilder zu den Wurmarten:

Tauwurm, *Lumbricus terrestris*: Bild Nr. 10, 11, 12, 15, 21, 24, 25, 26

Brauner Laubfresser, *Lumbricus castaneus*: Bild Nr. 25, 27

Roter Laubfresser, *Lumbricus rubellus*: Bild Nr. 1, 25

Großer Ackerwurm, *Octolasium lacteum*: Bild Nr. 7, 9, 14, 16, 28, 29

Großer Wiesenwurm, *Allolobophora terrestris longa*: Bild Nr. 2, 3, 17, 18, 19, 22, 30, 31

Kleiner Wiesenwurm, *Allolobophora caliginosa*: Bild Nr. 32, 33

Kleiner Ackerwurm, *Allolobophora chlorotica*: Bild Nr. 34, 35

Köcherwurm, *Dendrobaena rubida*: Bild Nr. 36, 37

Kompostwurm, *Eisenia foetida*: Bild Nr. 5, 38, 39, 40

Register

Mit diesem Buch wissen Sie, was auf Wiesen und Feldern, in Wäldern, zwischen Felsen und an Bachläufen blüht! Jetzt gibt es den Natur-Klassiker mit den wunderschönen, naturgetreuen Pflanzenzeichnungen als handliche Ausgabe im Einsteckformat. Ein Buch, das man dabei haben muß, wenn man Natur erleben will!

427 Seiten, 1376 meist farbige Abbildungen

Wir schicken Ihnen gern unseren kostenlosen Farbprospekt – bitte beim Kosmos-Verlag, Postfach 640, 7000 Stuttgart 1 anfordern!

Machen Sie Schluß mit dem „Kunstgarten"; holen Sie sich aromatische Düfte und die Abwechslung der Jahreszeiten in Ihren Garten und geben Sie gleichzeitig bedrohten Tierarten ihre Lebensmöglichkeiten zurück! Dieser Naturführer gibt die notwendige Starthilfe: Er stellt 100 wichtige Wildsträucher in Wort und Bild vor und gibt Tips zu Anbau und Verwendung.

Ob Schlehe, Hundsrose oder Weißdorn, Besenginster oder Seidelbast – jeder Wildstrauch ist ein Stück Lebensversicherung für die Natur. Helfen auch Sie mit, der Natur zu helfen – Naturschutz fängt vor der Haustür an!

160 Seiten, 206 meist farbige Abbildungen

„Was fliegt denn da?" nennt in übersichtlichen Bestimmungstabellen Größe, Form, Stimme, Flug, Vorkommen und Namen der Vögel und bringt ausführliche Angaben über Färbung und Zahl der Eier, über Brutzeit, Nest und Nistplatz. Flugbilder sowie Farbbilder von Eiern und Gelegen im Nest vervollständigen die den Bestimmungstabellen zugeordneten Abbildungen.

155 Seiten, 900 meist farbige Abbildungen

Überall dort, wo es Bücher gibt!

Dieses Handbuch für praktischen Natur- und Umweltschutz zeigt, was jeder von uns – egal ob Mieter, Haus- oder Gartenbesitzer – für bedrohte Pflanzen und Tiere tun kann. Es stellt unsere typischen Pflanzen und Tiere vor und gibt Anregungen, wie man ihren Lebensraum erhalten oder ihnen einen neuen schaffen kann: durch den Bau von Vogelhäuschen oder Nistkästen, die Anlage eines Gartenteichs oder eines Schmetterlingsgartens, durch das Pflanzen von Hecken und einheimischen Bäumen. Adressen von Naturschutzvereinigungen ergänzen diese wichtige Anleitung zum aktiven Naturschutz.

224 Seiten, 523 meist farbige Abbildungen

Damit Mensch und Natur Zukunft haben.

›kosmos‹, das aktuelle Magazin, informiert Sie jeden Monat auf fesselnde Weise über praktisch nachvollziehbare Naturbeobachtung, Naturerhaltung und Wunder der Natur. ›kosmos‹ zeigt Hintergründe und Zusammenhänge auf und erweitert so Ihr Wissen auf unterhaltsame Weise. ›kosmos‹ schlägt für Sie die interessantesten Seiten von Natur, Umwelt und Forschung auf! ›kosmos‹ ist das Forum für aktive Leser!

Aquarien und Terrarien.

Sie erfahren alles über Arten, Zucht und Pflege der Vivarientiere und erhalten jegliche Hilfe für die Praxis. Das **Aquarien-Magazin** berät Sie fachmännisch über Anlage und Einrichtung eines Aquariums oder Terrariums, über die Schaffung und Aufrechterhaltung geeigneter Lebensbedingungen, die Ernährung und Futterbeschaffung bis hin zur Medizin. **Aquarien-Magazin** — die kompetente und engagierte Zeitschrift für den Praktiker!

›kosmos‹, **Aquarien-Magazin** und **MIKROKOSMOS** liegen als kostenlose Probehefte für Sie bereit, bitte anfordern!
Kosmos-Verlag
Postfach 640
7000 Stuttgart 1

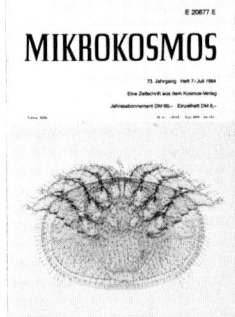

Zeitschrift für angewandte Mikroskopie, Mikrobiologie, Mikrochemie und mikroskopische Technik.

Ob Sie Ihr Mikroskop für Ihren persönlichen Interessenbereich, in Beruf oder Ausbildung einsetzen — immer gibt Ihnen **MIKROKOSMOS** Anregungen zu eigenen Untersuchungen und berichtet über neue und bewährte Verfahren der mikroskopischen Technik (Färbungen, Optik). Zahlreiche Illustrationen unterstützen die Texte, gute Fotografien zeigen den Formenreichtum und die Schönheit der Welt im mikroskopischen Bereich!

Zeitschriften für den Naturfreund – engagiert und sachkundig!